国語教育選書

論理的思考力を育てる！

批判的読み《クリティカル・リーディング》の授業づくり

―説明的文章の指導が変わる理論と方法―

吉川芳則 著

明治図書

まえがき

批判的読み――この読み方を取り入れることは、説明的文章の授業を改革していくための鍵である。本書では、その意義と内容、そしてそれを取り入れた授業づくりのポイントを具体的、実践的に記した。限られた紙幅の中での不十分さはあるが、研究、実践面での議論が進展することを願って、可能な範囲で体系的、構造的にも示したつもりである。

批判的読みは、ＰＩＳＡ調査における読解力（リーディング・リテラシー）として注目されることになったクリティカル・リーディングでもある。批判的ということばは、日本語のニュアンスとしてはマイナスイメージがあるが、この読みは粗探しをするためのものではない。文句をつけることを奨励する読みでもない。納得できることはよしとし、腑に落ちないことはそのまま受け入れることはしない読み、文章（＝筆者のものの見方や考え方）に対する自分の意見をしっかりともつ読みである。これは、高度情報社会には必須の読みの力であり、自己を確立していくためにも是非身に付けておきたい力である。

これまで説明的文章領域では、こうした読み方が、研究者や一部の実践家を除いては、なかなか広まらなかった。それでも、先のＰＩＳＡ調査の影響を受けて、ここ十年くらいでずいぶんと様子が違ってきているのも事実である。

折しも、平成二九年版の学習指導要領が告示され、国語科の「内容」の〔知識及び技能〕の項目の中に「話や文章に含まれている情報の扱い方に関する」事項が位置付いた。そこでは「事柄の順序」「原因と結果」「具体と抽象」等の論理的思考力を使って「情報と情報との関係」を理解することが要請されている。説明的文章の学習指導はその担い手として、いっそう重要となった。

また、中学校第三学年の「読むこと」領域の内容には「イ　文章を批判的に読みながら、文章に表れているものの見方や考え方について考えること。」と明示された。義務教育最終学年に、批判的読みが位置付いたということは、小・中学校の九年間をかけて批判的読みの授業を積極的に展開し、こうした読みの力を身に付けさせるように、というメッセージである。

筆者に立ち向かい、自分の考えをつくっていく批判的読み。そうした批判的読みを楽しむ説明的文章の授業が、多くの教室で行われるように願っている。本書が、そのための一助となれば幸いである。

本書の刊行に当たっては、木山麻衣子編集長に格別なご高配を賜った。氏の迅速、的確なご助言がなければ、発刊はまだまだ先であったろうと思う。また校正担当の有海有理氏には、「筆者に立ち向かう、力強い読者（読み手）」を地で行く「批判的読み（クリティカル・リーディング）」でもって、校正作業を遂行していただいた。記して感謝申し上げる。

二〇一七年　六月

兵庫教育大学大学院教授
吉川　芳則

目次

Ⅱ 批判的読みの授業づくりのポイント

Ⅲ 教材別 批判的読みの授業デザイン

I

批判的読みを取り入れた授業づくり

1 求められる「自立した読者」

ネット社会となり、わたしたちの身の回りには様々な情報（文章、図表、写真、絵など）があふれている。好むと好まざるとにかかわらず押し寄せて来るそれらの情報は、まさしく玉石混淆である。たとえば行政など責任の所在が明確な発信元からの比較的信頼性の高い情報もあれば、無記名による根も葉もない言説や誇大広告など、無防備に信じてしまうと被害を受けてしまうような情報もある。

そうした多種多様で、膨大な情報の渦の中で生きているわたしたちには、目的に応じてそれらの情報をしっかりと選別、取捨選択し、適切に生かしていく力が必要である。主体的に情報に向き合い、それらを読みこなし、有効に活用できるような読み手、読者でなければ、自分を取りまく物事や状況に翻弄され、自身のありようを見失うことにもなりかねない。

長らく日本国語教育学会の会長を務めた倉澤栄吉は、倉澤（一九七一）で次のように述べている[1]。

ひとりひとりの人間が読みを媒介として、いかに自己を独立させていくかということの方がむしろ今日問題になっている。情報公害に対する一つの大きな手だては、我々教育の世界の中で、子どもたちひとりひとりに、文字を媒介として、彼等にほんとうの自立をはからせてやるということに他ならない。だから、読書指導というのは、文章の意味が深くとれたとか、文章の意味がわかったなどというものではない。つまり、意味が問題でなく、意味それ自体に価値があるのでなくて、その意味が、どういう人から、何のために送られてきたのか。と、メッセージとしてこの意味を操作して、このメッセージはこういうことで送られてきたのだからと考える。（後略）

倉澤が指摘した時代とは比較にならない情報の渦の中に、現代の子どもたちは生活している。倉澤は「文字を媒介として、彼等にほんとうの自立をはからせてやるということ」を問題提起していた。「読み手の独立」と言い、「読みを媒介として、いかに自己を独立させていくか」と述べていた。半世紀近くも前に、自立した情報の読み手、読者をあるべき姿として想定し、その重要性を主張していたのである。

子どもたちには、情報社会をたくましく、豊かに生きていくことのできる「自立した読者」になるよう指導していきたい。自分にとって、これから取り組む仕事、出来事に対して必要、有益な情報を効果的に活用できる主体、読み手を育てていかねばならない。

わたしは、説明的文章の学習指導においては、後述するように、こうした「自立した読者」のことを「筆者に立ち向かう、力強い読者（読み手）」であると捉えている。

2 身に付けさせたい批判的思考力
――「批判的」ということばの意味

1 ● 粗探しではない、よいものはよいと評価する力

自立した読者になるためには、先の倉澤の指摘にもあったように、批判的に物事を捉えられる力（批判的思考力）が不可欠である。どんなことでも人の言われるまま、目の前に現れることそのままに受け入れる。自分で考え判断し意見を主張することなく、他人事のように済ましていく。これでうまくいく場合もあるかもしれない。しかし、ますます複雑化する社会のあり方を想像すると、やはり状況に応じて物事を自分事として捉え、行動を起こすことのできる力は、必ず求められるようになる。

「批判的」ということばは、日本語ではどうも揚げ足取り、粗探しのような否定的、マイナス的なイメージで受け取られることが多いようである。が、井上尚美（二〇〇〇）が言うように、本来「批判」というのは、「一定の基準・尺度〈criterion〉にもとづいて判断すること」である。よいものをよいと評価することも批判である[2]。

また「思考」ということばについても、井上は「批判的」などの修飾語は、「思考」には不要であるとも述べている。思考するとは、本来根拠に基づき、適切に意見を述べること。「思考」にはもともと「批判的」な要素が含まれているというわけである。井上は、次のように指摘している[3]。

（前略）およそ「批判」を伴わない思考というものはありえない。筋道を通して考えれば当然、批判が出てくるはずである。（中略）

学習指導要領は、その時その時の時代的・社会的要請によって変化していくものであろう。しかし、それがどのように変わろうとも、思考力を強調するならば、子どもが「ナゼ？」「そのワケは？」と考えたり、「本当にそうか？」と疑ってみるように仕向けること、つまり、絶えず問いを発し問題意識を持って考える「批判的精神」という一本の筋金を通して指導することが重要なのである。

本物の学習に取り組ませよう、力の付く学びを実現しようとするなら、よく思考する＝批判的思考が発揮される学習活動、単元構成の設定が必須であることがわかる。

2●反省的（reflective）に思考する力

認知心理学の観点からは、楠見孝（一九九六）が、「批判的思考（critical thinking）は合理的（理性的、論理的）思考であり、人の話を聞いたり文章を読んだりするときに働き、さらに議論をしたり自分の考えを述べるときにも働く」ものだと述べている[4]。日常語である「相手を批判する」思考ではなく、むしろ自分の推論過程を意識的に吟味するときに働く反省的（reflective）な思考であることを強調した。何を信じ、主張し、行動するかの決定に焦点を当てる思考であるとする。

その上で、批判的思考に中心的な役割を果たすのは帰納的推論であるとしている。個々の情報を収集し、それらに基づいて推論を行い、その推論の確からしさの評価に基づいて、選択し、一貫した確かな解釈をつくるというものである。そのための具体的な評価観点として挙げているのは、次の三つである。

（a）推論の適切さ（appropriateness）

（b）推論によって導出された言明の真偽の度合い（truthfulness）
（c）推論と与えられている情報などで構成された解釈の確かさ（plausibility）
平たく言うと、根拠に基づいてきちんと考えを導き出せているか、その考えは正しいか、確かであるか――そういう見方ができ、判断できる力が批判的思考力だということである。決して相手を誹謗中傷するというものではない。

また、批判的思考者がもつ傾向性（態度）として次の六点も示している。

（a）明確な主張や理由を求めること
（b）信頼できる情報源を利用すること
（c）状況全体を考慮すること、重要なもとの問題からはずれないようにすること
（d）複数の選択肢を探すこと
（e）開かれた心をもつこと（対話的思考、仮定に基づく思考など）
（f）証拠や理由に立脚した立場をとること

「普段からこうしたことに気を付けた言動ができていますか？」と問われると、どれほどの人が自信をもって首を縦に振れるだろうか。なかなか難しい。

これらの観点は、次節で述べる説明的文章の批判的読みを行う際にも重視すべきものである。とくに「（a）明確な主張や理由を求めること」や「（f）証拠や理由に立脚した立場をとること」は、読みの交流においては優先的にどの教室においても指導すべき事項である。

こうした態度は、子どもも大人も、皆が備えたい資質である。よいアイデアを出したり、納得のいく話し合いを実現したりするためには、誰もが身に付けていたい姿勢、能力である。

批判的思考とは、何も特別なものではなく、それぞれが民主的、理性的に社会生活を送るために、ちょっと意識してみるものだとも言える。

3●見かけに惑わされず、多面的に捉え、よりよい思考を実現する力

楠見と同じく認知心理学の立場から、道田泰司（二〇〇八）は批判的思考を「見かけに惑わされず、多面的に捉えて、本質を見抜く（あるいは、本質を求め続ける）」ことであると定義している[5]。

まず、情報をどう受け取り、どう行動するか決定することを問題解決の一種と捉える。そして、問題解決の流れを〈問題の発見→解の探索→解の評価→解決〉と捉えて、その中に批判的思考を位置付けた。

たとえば「見かけに惑わされない」という態度は、〈問題の発見〉や〈解の探索〉〈解の評価〉の各段階に必要なものとして考えている。「多面的に捉える」技術は〈解の探索〉の段階に、「本質を見抜く」技術は〈解の評価〉の段階に対応して必要な批判的思考だと考えた。

〈解の探索〉段階で望ましい学習者の「つぶやき」としては、次のような例を挙げている。

・それは狭い範囲に留まってはないだろうか。
・一面だけに偏ってはいないだろうか。
・別の立場から考えられないだろうか。
・あえて逆を考えてみてはどうだろうか。
・もっと情報を得れば考え方が変わってくるのではないか。

また、〈解の評価〉段階では、次のような「つぶやき」例を挙げている。

・この考え方でいいのだろうか。

・ほかの考え方とどちらが説得力があるだろうか。
・立場の異なる他人からみたらどうだろうか。

道田は、これらの「つぶやき」（＝モニタリング）を意識的に行うことで思考過程が適切にコントロール・調整され、より深い思考へとつながると述べている。「『批判』（無批判的に鵜呑みにしないこと）を通してよりよい思考を達成しよう」ということが批判的思考であるというのが道田の主張である。先の楠見の捉え方と共通する部分だと捉えられる。

4 ● 重要性を増す批判的思考力

批判的思考力は、アメリカの「二十一世紀型スキル」（二〇〇二）や、国立教育政策研究所のプロジェクト研究（二〇〇九－二〇一三）の「二十一世紀型能力」においても中核的な能力の一つとして位置付けられた。二〇二〇年から実施される学習指導要領においても求められる能力とされている。

ここまで見てきたように、「批判的に考える（思考する）」ことについて、以下のことを確認することができる。

＊ 批判的思考の特徴、ありかた（まとめ）

① 決して粗探しをすることと、文句をつけることではない。よいものはよい、よくないものはよくないという態度、姿勢であること。
② 根拠に基づいて考えを導き出せているか、その考えは正しいか、確かであるか問うこと。
③ 物事を多面的に捉えること。本質は何か見抜くこと。

3 批判的読みとは何か

1 「筆者に立ち向かう、力強い読者（読み手）を育てる読み方」である

前節で整理した批判的思考力を国語科の読むことの領域で育てようとすると、文章を批判的に読むということになる。批判的読みとか評価読み、クリティカル・リーディングとか言われる読み方である（以下、本書では、批判的読みということばに統一する）。論理的に思考することをより要求される説明的文章領域では、必須の読み方になる。

批判的読みとは、後述する先行研究を踏まえて簡単に言うと、以下のような読み方を目指すものだと考えている。

> X 文章（ことば、論理）に反応する
> ① 書かれている事柄（内容）や、書き表されていることば・書き表され方（形式）に着目する、興味をもつ。
> ② それらについて、言いたいことが見つかる、言おうとする（＝反応する）。
> A 筆者について考える（読む）

①文章の書き手（説明的文章では筆者）を意識する（問題にする、取り上げる）。
②その筆者が書いた中身（内容）と、書き方（形式）に着目する。
③内容と形式のそれぞれについて、「なぜ筆者は、そのように書き表したか」を問題にする。
B　自分の考え・論理をつくる
④主に本論部を対象に（もちろん文章の各部分や題名も含めて）、その内容と形式について、自分はどう思うか、自分の考えをつくる、表明する。
⑤筆者の主張（結論部）に対する自分の考えを表明する。

わたしは説明的文章の授業で目指すのは「筆者に立ち向かう、力強い読者（読み手）を育てること」であると考えている。右のX、A、Bは、これをかなえる観点、能力である。「自立した読者」は、書かれている事柄や論理をそのまま受け取るだけの読み手であってはならない。読んだのなら何がしかの反応をし、筆者に対して自分の考えを言えるような読者でなければ、周囲の環境、状況に流されるだけになってしまう。

示したX、A、Bは、順に小学校低学年からの批判的読みの系統を表しているとも言える。ただし、それほどがっちりとした系統、段階を示しているとも考えていない。国語科は、そして読むことの教育は、同じ読みの技能を、文章（テクスト）の難度を上げていきながら繰り返し学ばせる性質のものだからである。

どの学年であっても、X、A、Bのどの読みのあり方も意識して授業を行うことが批判的読みの実現には大事である。読んだ文章に「おもしろい」「はじめて知った」「よくわからない」「なぜだろう」などの素直な反応ができること（X）は、批判的読み（というより読むことそのもの）の基本的な技能、姿勢として、どの発達段階の児童生徒にも必要である（ただし、こういう読みの姿勢を身に付けるためには、低学年でこそ重点的に、とは思う）。

また、Ａの「筆者について考える（読む）」というのは、基本的には低学年には難しいことであろう。もちろん筆者ということばを持ち出さずに「なぜこの三つの自動車のことしか書いてないんだろうね」（一年「じどう車くらべ」）と問いかけ、筆者の発想への気付きを促すことはできる。しかし、筆者を意識して、筆者の考えや論理を検討する、評価することは、低学年で何が何でも指導する必要はないと考えている。

Ｂの「自分の考え・論理をつくる」については、基本的にはどの学年でも大事にしたい読み方である。読むという行為は、常に自分の新たな考えをつくるためのものであるからである。ただ読者である児童生徒が、そのことに自覚的であるかどうかはわからない。また、その考えが、内容だけに限らず形式面についてのものであるか、結論部における筆者の主張、意見に対するものであるかどうかということになると、低学年には難しいということになるかもしれない。

こうして考えると、Ｘ、Ａ、Ｂは、どの学年の授業に対しても批判的読みにおいて共通して取り組ませねばならない読みの観点、能力を示したものだとも言える。また一方で、批判的読みの授業における指導のゆるやかな段階を示したものだとも言える。

またＸ、Ａ、Ｂは、学年の発達段階による系統のような捉え方をせずとも、同じ学年（たとえば四年生）の中でも、批判的読みに取り組ませようとしたときの指導（児童生徒にとっては学習）の順序性として意識することもできる。批判的読みは大事だと認識し授業に取り入れようとしても、はじめから完成型のものは無理であろう。そこで一年をかけて、順次ＸからＢへと一つずつ取り組むことを試みる。ただし次章でも述べるが、その際、Ａ「筆者について考える（読む）」ことと、Ｂ「自分の考え・論理をつくる」ことの順序は、指導者の力量、慣れや、学習者の状況などを勘案し、逆（Ｂ、Ａの順）であってもよいことが、わたしの行った研究の中でわかってきている。

　批判的読みとしてのこうした読み方は、これまで教室ではなかなか実践されなかった。しかし、ＯＥＣＤによるＰＩＳＡ調査における読解力（いわゆるＰＩＳＡ型読解力）の一つに「熟考・評価」して読むことが位置付けられ、そこで求められている読み方がクリティカル・リーディングと呼ばれる批判・評価して読む方法であったことから注目されるようになった。

　とはいえ、これまでまったく見られなかった読み方かというと、そうではない。日本でもずっと以前から、説明的文章領域を中心にクリティカル・リーディングに相当する読み方は、実践研究の対象になっていた。以下、代表的なものをいくつか紹介しておく。

2　批判的読みについての主な主張、実践

(1)　批判読み（都教組荒川教研国語部会）

　早いところでは、都教組荒川教研国語部会（一九六三）が「批判読み」という言い方で提唱した[6]。都教組荒川教研国語部会は、教師だけの問題意識を押しつけるような「受け取らせ読み」を否定し、「自分の見方、感じ方、考え方をいつもはっきりさせながら作品と対比して読むこと―自己確立へ―自分の意識をもって作品に立ち向かうこと」を重視した。批判読みについては、次のように定義している。

　（前略）書かれたことば文をひとつひとつ正確にとらえ全文を通して事実の取り上げ方やそれに対する意見がどのように表されているか、それが正しいかどうか、あいまいさやゴマカシがないか、感じ方や、感動の質はどうかなどを追求していくことです。（中略）肯定すること否定すること、不十分さを指摘することなど自分のひとりよがりなとらえ方でなく集団思考の中で明らかにしていくことができます。その結

果からそこに書かれた・ことば・文を広く深く考えその底に流れる意図・立場までとらえることが可能になります。私たちはこれを〝批判読み〟と主張しました。もっとも積極的な読みだとも考えました。（後略）

書き手（筆者）を意識して、読者として本文のことば、表現を適否、正確さ、感じ方等の観点から吟味することを求めている。本文を通して、筆者と対話する主体的な読み方を育てようとした。説明文・論説文の批判読みとして掲げられている以下のような指導の観点は、現在でも欠かせない重要事項である。

「事実と意見のふるいわけ」

・コトバが正しく事実や現実を反映し、正しく抽象されて使われているか。
・何が書かれてあり、何が書かれてないか。

「何を重くとり上げているか」

「因果関係を追ってしらべる」

・事実から正しく意見が出ているか。
・たとえ（ひゆ）は正当か。
・引用は正当か。

「全体の要旨、結論をつかみ、その思想を考える」

これらの多くは、全体と部分との関係を問うことや、段落相互の関係性を問うことなど、文章を大きく捉えて読むことを要求する。前から順に一段落ずつ確かめていくだけの読み方では実現することはできない。必然的に論理的思考を働かせることにもなる。

(2) データ吟味の読み（児童言語研究会）

児童言語研究会（以下、児言研）も、批判的読みを早くから取り入れていた。小松善之助は、その中心的な実践者の一人である。小松は「データ吟味の読み」と称して、批判的読みを主張した。データという語句の指し示す意味について、小松（一九七六）は次のように説明している[7]。

ある事物・現象について説明するとき、わたしたちは必然的にその事物現象のある側面を選択して言語化する。その対象についての自分の手持ちの認識に基づいて、それを差しあたりの尺度にして言語化を遂行します。こうして、言語化を受けた対象は、書き手の意図、判断などの対極におくべき「事実」なのではなくて、まさに書き手の認識やかれの、読み手（説明の受け手）に対する配慮によって対象から発見され、切り取られ、選び出され、そして一定の評価を担って文章の中に登場させられたデータなのです。判断や一般化の部分と並んで書き手の認識内容を表すところの構成部分なのです。

書かれた文章は、書き手（筆者）の意識、認識によって選ばれ、構成されたデータであるということは、新聞記事を思い浮かべれば納得できる。同じ出来事、ニュースソースを扱っていても、A紙とB紙ではその内容や分量、受ける印象は違う。それをどのように読み、受け取り、判断するかは、読み手の主体性に関わってくる。批判的に読む行為の大切さがわかる。

(3) 筆者の工夫を評価する読み（森田信義）

森田信義（一九八四）は、説明的文章の読書行為を次の三層構造で捉えた[8]。

第一層の読み……内容、ことがらを理解することを主とする
第二層の読み……表現や論理構造の把握を主とする
第三層の読み……筆者の立場を追究することを主とする

その上で、森田は第三層の読みの構えをすると、第一層、第二層の読みは次のように捉えるべきであるとした。

第一層の読み　↓　「なぜ筆者がそれらのことがらを取り上げたか」
第二層の読み　↓　「なぜそのような論理を用い、表現したか」

ここには、当該文章の内容や形式（書き方）は、他の誰でもない、その筆者自身が産み出したものであるという森田の説明的文章観がある。

さらに森田（一九八九）では、「確認読み」と「評価読み」ということばを用いて「筆者の工夫を評価する」読みを提唱した。森田は次のように述べている[9]。

（前略）筆者はことがら・内容の取り上げ方に際して、これこれの工夫をしているが、その工夫はなぜなされたのか、工夫は成功しているのか、問題はないのか。筆者は説明の論理の構築に際して工夫をしているが、その工夫には矛盾はないか。その工夫のおかげで、説明の対象となっている事象が十分に解明されているのか。筆者は、ことば選びに際して工夫しているが、その工夫は効果があるか。総じて、筆者の工夫は、説明の対象である事象の本質の解明に成功しているのかどうかを問う読みが必要になってくる。さらに、工夫を問う読みの過程で生じた疑問、問題を解決する読みである。このような読みを、「評価読み」と呼び、何が、どのように書かれているかを文章に即して理解し、確認する読みを「確認読み」と呼んでおきたい。

こうした二つの読み方の特徴を森田（一九九八）では、次のように整理した[10]。

確認読み

どのようなことがらを取り上げているか（内容）
どのように言語表現しているか（表現）
どのような論理（関係）を創造しているか（論理）

評価読み

なぜ、そのようなことがらを取り上げたか（内容）

なぜ、そのように表現したか（表現）

なぜ、そのような論理を創造し、創造したか（論理）

確認読みは、教材の内容、表現、論理がどのようなものであるかを明らかにするものである。一方の評価読みは、教材の内容、表現、形式がなぜそのようなものとして選ばれたのか、創造されたのか、そしてそれらは読み手として納得がいくのかどうかを問うていく読みである。

「どのように」「どんな」と問う（考える）確認読み、「なぜ（筆者は）」と問う（考える）評価読み、と単純に捉えてよいかと思う。確認読みにどのように評価読みを位置付けていくか。評価読みの中に「読者としての自分はどのように考えるか」という読みをどのように合わせていくか。ここが、批判的読みの授業づくりの要諦、鍵になる。

(4) 批判的な読みのチェックリスト（井上尚美）

第2節の「批判的思考力」のところでも取り上げた井上尚美は、井上（一九八三）において、既に批判的読みの発問のあり方について言及していた。そこでは発問の種類を①知識、情報収集に関する発問、②解釈に関する発問、③評価・批判に関する発問に分けて示した。三つ目の「評価・批判に関する発問」は「一定の基準にもとづいて妥当性・真偽を判断すること。鑑賞も含む」と定義しており、以下のように具体例も挙げている[11]。

③　評価、批判、鑑賞に関する発問

a　ある問題――内容、作者（意図、主題、構想、表現）、人物などについて――に対しての自分の感想や意見を自分自身のことばで述べることを求める発問

例・このことについて君はどう考えますか
・このことについて君はどんな意見を持っていますか、それはなぜですか
・もしも君が主人公だったらどう行動するでしょうか

b　ある考えや作品の価値判断を求める発問
例・Bの方がAよりも優れていると考えますか。それはなぜですか
・これらのうちでどれが一番良い（好き）ですか

c　ある問題に関するいろいろな解釈の仕方を判断するように求める発問
例・この問題の解決にはどの方法が最善だと思いますか。また、もっと他の方法はありませんか。
・この文章は私たちにどういうことを教えてくれますか。

d　内容を批判することを求める発問
例・この文章で言っている内容と矛盾したり違っていたりする例（反証）はありませんか
・ここで述べられている以外の理由（根拠）はありませんか
・この内容について、もっとつけ加えるべき新しい情報はありませんか

先に取り上げた森田信義が、文章（＝筆者）の内容や形式（書き方）がなぜそのようであるかを検討・評価することを重視していたことと比べると、読み手自身の内容、形式面に対する価値・判断を中心にしていることがうかがえる。ただし井上尚美（一九九八）では「批判的な読みのチェックリスト」とする次のような観点を提示し、文章そのもの（筆者の考え方、書き方）についての評価も促している。[12]

a　語の用法は明確であるか
1　重要な語は定義されているか

2　用語の意味は一貫しているか
3　早まった一般化をしていないか（その語の及ぶ範囲が限定されているか）
4　比喩や類推は適切か
5　語の感化的用法（色づけ）はないか

b　証拠となる資料・事例は十分に整っているか
6　証拠となる資料や事例は十分か
7　その事象を代表する典型例か
8　隠された資料や証拠はないか
9　反論の材料となるような、反対の立場からの資料や証拠は考えられないか
10　不適切な資料や証拠はないか

c　論の進め方は正しいか
11　根拠のない主張・結論はないか
12　隠された仮定・前提（理由・原因・条件）はないか
13　誤った（または悪用された）理由づけはないか

ただし井上は、このチェックリストは「ないものねだり」をしたり、枝葉のことにこだわって重箱の隅をつつくようなことをしたりするためのものではないことを指摘している。主要な事柄や論点について批判すべきだと述べていることは、実践する際には意識しておきたい点である。

また、これらの項目すべてをいつも意識して読むことは難しい。指導する際も同様である。これらをどう精選、重点化して、教材にふさわしいものとして位置付け学習活動として構成できるかが、実践上の重要な課題

になってくる。

(5) 「深い学び」を実現する「批判的読み」——その他の説明的文章の批判的読みに関する先行研究

先に(1)から(4)で概観してきた説明的文章の批判的読みに類する先行研究、実践以外で、主立ったものとしては、阿部昇（一九九六）の「吟味読み」[13]、河野順子（一九九六）の「対話によるセット教材の読み」[14]、長崎伸仁（一九九七）の「教材を突き抜ける読み」[15]、二〇〇〇年に入ってからのＰＩＳＡ調査における「熟考・評価の読み」などがある。またわたしも、吉川芳則（二〇〇二）でクリティカル・リーディングの三つの段階を示した[16]。

それぞれの詳細な紹介、解説についてはここでは省くが、いずれも(1)から(4)を含む先行研究の成果を踏まえて、筆者の発想、認識のありようを検討して読むこと、文章全体の展開構造を対象にして読むこと、文章（筆者）に対する読者としての自己の読み、考えをもつ（表現する）ことを重視している点は共通している。

これは、説明的文章の学習を、表面的な事柄（内容）の確認や機械的な要点指導、構成指導だけで済ますことから脱却することを目指したものである。そして、読み手＝学習者自身の論理をつくり、磨き、彼らの思考や認識を揺さぶり、深め高めていくことに腐心したものであった。筆者の論理や認識のありように向き合い、読み手として評価し、価値判断を下すことは、説明的文章の本質的なおもしろさに触れる学びとなる。説明的文章を深く学ぶことになる。そして、それは楽しい説明的文章の学びとなる。

次章以降では、その具体について論じることにする。

〈参考文献〉

1 倉澤栄吉（一九七一）『これからの読解読書指導』国土社、一二七頁
2 井上尚美（二〇〇〇）「新時代の国語教育を考える――第3のミレニアムと21世紀を迎えて――」井上尚美編集代表『言語論理教育の探究』東京書籍、一―一六頁
3 同右
4 楠見孝（一九九六）「帰納的推論と批判的思考」市川伸一編『認知心理学4　思考』東京大学出版会、三七―六〇頁
5 道田泰司（二〇〇八）「メタ認知の働きで批判的思考が深まる」『現代のエスプリ』至文堂、第四九七号、五九―六七頁
6 都教組荒川教研国語部会（一九六三）『批判読み』明治図書、一七―一八頁
7 小松善之助（一九七六）『国語の授業組織論』一光社、三七頁
8 森田信義（一九八四）『認識主体を育てる説明的文章の指導』溪水社、一二―一三頁
9 森田信義（一九八九）『筆者の工夫を評価する説明的文章の指導』明治図書、四一頁
10 森田信義（一九九八）『説明的文章教育の目標と内容――何を、なぜ教えるのか――』溪水社、六〇―六一頁
11 井上尚美（一九八三）『国語の授業方法論――発問・評価・文章分析の基礎――』一光社、七〇―七四頁
12 井上尚美（一九九八）『思考力育成への方略――メタ認知・自己学習・言語論理――』明治図書、七七―七八頁
13 阿部昇（一九九六）『授業づくりのための「説明的文章教材」の徹底批判』明治図書
14 河野順子（一九九六）『対話による説明的文章セット教材の学習指導』明治図書
15 長崎伸仁（一九九七）『新しく拓く説明的文章の授業』明治図書
16 吉川芳則編著（二〇一二）『クリティカルな読解力が身につく！　説明文の論理活用ワーク（低学年編、中学年編、高学年編）』明治図書

Ⅱ

批判的読みの授業づくりのポイント

1 批判的読みの基盤づくり

1●本文に向かう構えを

第Ⅰ章第2節で、批判的読みというのは、決して粗探しの読み、否定するだけの読み方ではないこと、よいものはよい、納得できないことは納得しない読み方であることを指摘した。あわせて批判的読みのあり方として、X「文章（ことば、論理）に反応する」、A「筆者について考える（読む）」、B「自分の考え・論理をつくる」の三つを示した。そして、これらを批判的読みの系統として、また批判的読みの指導（学習）の段階として捉えることも可能であることを述べた。

こうしたことの確認を踏まえて、批判的読みに取り組む際にまず大事にしたいこと、児童生徒に身に付けさせたいことは、本文に向かう構えをつくるということである。「構え」というと何かたいそうな感じがするが、要は「自力で本文に向き合って、自力で読もう、読み進めようとする態度、姿勢をもつことができる」ように指導する、ということである。ここが批判的に読むことの土台、基盤、スタートとなる。批判的読みのあり方として示した、X「文章（ことば、論理）に反応する」に通じるものである。

「何が書いてあるのだろう」「おもしろそうな題名だから、ちょっと読んでみようか」「これは、いま必要な情報が入っていそうだから目を通してみよう」というふうに、テクストに興味をもつ読者であれば、その後の批判・評価活動は弾みがつく。逆に、本文に向かおうという姿勢がないのでは、批判も何も始まらない。

とはいえ通常は、教科書所収の説明的文章教材を読むことが授業の中心となる。教科書教材の場合、どうしても、時期が来たので（教科書の配列順で回って来たので）この説明的文章を読むということになりがちである。よって、十分な興味をもって教材文を読むことにはなかなかならないかもしれない。それでも、はじめはそうおもしろくないように感じていた文章でも、読み進めているうちに意外と興味がわいてくることも少なくない。そういう読書経験は誰でももっている。そこで、とりあえず本文に向き合わざるを得ない、読まざるを得ない状況をつくりだすことが大切になる。

(1) 題名読み

そうした取り組みのうちの一つが、単元導入時（教材文との出合いの際）における題名読みである。本文を読む前に題名だけを提示して、どんなことが書かれているか予想する、という読み（学習）である。

ひとかたまりの文章をいきなり読むことには抵抗がある学習者でも、題名の一語には目を向けることはできる。題名にあることばと、自身の既有の知識、経験を関係付けて「このようなことが書いてあるのではないか（書いてあるはずだ）」と思えること自体が読むという行為であり、読みの力である。そう指導者が認識し、学習活動として位置付けたい。

その際に、なぜそのようなことが書いてあると予想したか、その根拠を題名のことばのありよう、意味に求めさせる。その理由付けを自身がもっている知識や経験に基づいて、書かせたり言わせたりする。この根拠と理由付けが、その子なりになされていれば、自由に予想させ表現させるようにする。楽しんで推察することが大事である。そこには本文へ主体的に関わろうとする読書行為が生じているからである。題名を窓口に、本文と対話しようとする態度が生まれているからである。

自分なりの発想で題名を読むことができれば、「実際にはどんなことが書いてあるのだろう」と本文を読むことへの構えが生まれたということになる。予想が当たるとか外れたとかは問題ではない。あくまでも主体的、対話的に本文に関わろうとする構えをつくることを目指す。ただし、この当たり外れは、本文にある題材やテーマに関する自身と筆者との認識の差、違い、ズレを明確に意識することにはなる。その差異を意識しながら通読することが、既に批判的に読む行為になっているとも言える。

題名読みについては、児言研でも重視している。児言研のメンバーでもある小松善之助は、小松（一九八一）において、説明的文章では文章の中で説明するもの・こと＝題材を題名にしており、読みの活動は題名から始まること、題名読みで読み手は題材への第一アプローチをすること、としている[1]。また森田信義（二〇一一）は「読み手が主体的な立場を確立、維持するために、極めて重要な位置を占めている」と述べた[2]。長崎伸仁（一九九七）では、先行研究を丹念に調べ、題名読みの意義とその実際について詳述している[3]。題名読みは、わたしたちが書店や図書館で本を選ぶ際には、いつも行っていることでもある。題名だけから本文の内容を推察する力は、情報社会における読みの能力としても、ますます必要となる。

何も多くの時間を充てる必要はない。状況に応じて時間の取り方は調整すればよい。が、単なる興味付けとして位置付けるのではなく、情報を読む行為であると認識して取り組ませることは忘れないようにしたい。

(2) 本文への線（サイドライン）引きの活動、書き込み

本文に向かう構えをつくるために大事にしたい二つ目の取り組みは、精読する段階での本文への線（サイドライン、傍線）引きの活動や書き込みである。従来から、一人読みとか一人学習のような言い方で行われてきている学習活動であるが、再度その意義を確かめておきたい。

というのも、教室で授業を様々に拝見していると、教師があることを問うても一向に本文に目をやらない、

やろうとしない児童生徒の多いことが、近ごろ気になっている。読む力は、読むことを通してしか付かない。当たり前のことだが、それがなされにくい現実がある。本文の上っ面だけに何となく目を通し、雰囲気で読んだ気になってしまっている。これでは批判的に読むどころの話しではない。

しっかりと本文の表現に取り組む、自分なりに読み込むという行為を習慣付けていかねばならない。そのための方策として、課題や問われたことに対する自己の考えをもつ、見いだすために、本文に線を引いたり行間に自分の読みを書き込んだりすることを位置付けようということである。

多くは提示した学習課題に対して、これらの活動を行わせることになる。いろんなやり方があるだろうが、説明的文章の場合、基本的には本文の序論部にある問題提示文に対する答えを、本論部を中心に見つけるために線を引く、書き込むという形でよい。

ただ問題提示文が明示されていない教材文もある（むしろ実社会にある説明的文章では、問題提示文の位置付けのないもののほうが多い）。たとえば「すがたをかえる大豆」（光村図書、三年・平成二七年度版下巻）では、問題提示文は疑問文の形では明示されていない。が、序論部の最終文には「そのため、昔からいろいろ手をくわえて、おいしく食べるくふうをしてきました。」とある。この後の本論部には、様々な工夫が紹介、説明されているわけだから、この文をもとに「どんな工夫がされているのだろうか」という問題提示文＝学習課題を見いだすことはできる。「こんな工夫だ」「ここに書いてあることは、すごい工夫だ。だって…」のような形で、線を引き、書き込むことができる。

教科書に直接書いてもよいが、書きにくい、教科書はきれいにしておきたいなどということであれば、別刷りのプリントや冊子を用意する。

また、別途の授業時間を取ってこれらの活動をさせることもあるが、授業時間の導入部分の三～五分を充てる形でもよい。一人読みそのものを重視し、その力を高めようという意図なら、時間を多く取ることになるのだろうが、あまりに取り組ませすぎると飽きてくる学習者も出てくる。くたびれもする。時間数が増えたり、全体での読み深めの時間が圧迫されたりすることにもなる。さらには、その一人読みの内容にこだわりすぎて、読みの変容が起こりにくい授業もしばしば目にする。

学習を始めるに際し、自分の初期段階の読みをもって臨むことが大切なのである。教師の発問を受け、他者との交流学習を経る中で、考えが変わっていくことこそが望ましい。「無一文」では何もなしようがないが、有り余る「元手」は必要ない、ということである。

(3) 音読活動

読みの構えづくりのために活用したい言語活動の三つ目は、本文の音読である。第一次段階はもちろんだが、第二次の精読段階に入っても、授業の導入部分において、説明的文章の場合は短い教材なら毎時間全文を音読することもできる。もちろん当該時間に扱う数段落分だけであってもかまわない。とにかく声に出しながら、本文の表現に向き合わせる。

音読することとは、どの発達段階の児童生徒であっても、それぞれに相応しいあり方で楽しく取り組める活動である。個人で、一人一文のリレー式で、または一斉で、さらには大きなはきはきした声や微音読で、というように、児童生徒の実態に即した様々な形で工夫を凝らす取り組みの中で、そして随時そのありようをほめることで、しっかりとした音読ができるようになっていく。

精読段階の一時間の授業の途中でも、話題となっている箇所、深く考えさせたい文、ことば等を一斉（または指名）音読させることで本文に戻ることができる。表現（ことば）を目と耳で確認、吟味、検討することができる。常にことばに目を向けること、本文を読むこと。これを外して読みは成り立たない、教材文を楽しく読むことはできない。授業中に音読をできるだけ取り入れることで、このことを意識付けるようにする。低学年においては、家庭学習としての音読と連動させると相乗的な効果が期待できる。

2●大きく文章全体を意識する目を

精読段階に入り、くわしく読み取らせたいという教師の思いが強くなると、文章の前から順に、小段落（形式段落）ごとにことばの意味を確かめたり、どういうことが書き表されているかを細々問うたりする授業を行うことになりがちである。指導者としては、丁寧にわかりやすく教えるのがよかれと思って行うわけだが、子どもたちの学習意欲は往々にして低くなる。

細かく分析的に読ませることは、必ずしも悪いことではない。問題は、どの時間、どの教材、どの学年でもそれが普通になってしまい、そうした学習活動しか展開し得ないことである。

学習指導要領においても、中学年の指導事項で段落相互の関係に着目する」ことが位置付けられている。しかし、段落相互の関係性は、前から順に一段落ずつ読み、それらを積み上げる形で「では、この段落とこの段落とは、どのようにつながっているだろう（どのような関係になっているだろう）」などと問うたところで、なかなか見えてくるものではない。複数の段落を並べ考えざるを得ない、結論で主張していることと見比べないとわからないような学習活動を設定してこそ、そのつながりが見えてくるものである。

ところが、学年が低ければとくに、読み手は読みの対象としているその段落しか頭にないことが多い。教師も一つひとつの段落の内容が十分に理解できてからでないと、それら相互の関係などわかるはずがないと思い込んでいる節があるため、どうしても一段落のみを扱う「狭い読み」に終始してしまうことになる。

この点、長崎（一九九七）で示した「全体構造の中で、ある文章（段落）の必要性の有無を考える」の読み方などは示唆的である。長崎は、こうした読み方の意義を次のように述べている。[4]

　書き手の論理を鵜呑みにするのではなく、読み手の論理から、「この文章（段落）は、全体の構造から考えると、なければいけないのか」というように、積極的に教材に働きかけることにより、結果的に、論理的認識力や思考力を培おうとするのである。

文章全体の内容、筆者がこの文章で説明、主張しようとしている内容と考え合わせた上で、当該段落が位置付いている意義を捉えさせようとしているのである。長崎は「マリモの秘密」（学校図書、六年）という教材文を例に、以下のように具体的に示している。[5]

　本教材の冒頭部は、話題提示とも言える部分で、次の二点が紹介されているのだという。

①　マリモは、阿寒湖の天然記念物であるということと、マリモの属性について。

②　マリモをアイヌ民話をとおして紹介していること。

ところが、本教材の場合の「アイヌ民話」は、その後の展開とは一切関係がなく述べられているのだという。長崎はこの点に着目し、「全体構造の中で、ある文章（段落）の必要性の有無を考える」学習活動（問い）を、【書き手の論理】に着目させるものと【読み手の論理】に着目するものに分けて、次のように示した。

【書き手の論理】筆者が、冒頭部分にアイヌ民話を入れたのはどうしてなのか、についてその考えを書きなさい。

↓

【読み手の論理】③～⑥段落に書かれているアイヌ民話は、この説明文にとって必要な事柄なのかどうかについて、自分なりの考えを書きなさい。

矢印は、【書き手の論理】だけでなく【読み手の論理】を重視した説明的文章の学習が重要であるとする長崎の姿勢を表している。しかし、どちらの立場であろうと、本項で主張しようとしている「大きく文章全体を意識する目」をもつ読み方にはなる。

どちらの問いも、批判的読みを実現する学習になる。主体的、対話的にテクスト（教材文）に関わっていこうとすると、一段落だけ、部分だけを細かく分析的に読むことだけをさせていたのでは難しい。

何も、長崎の示したような問いをいつもせよ、というのではない。授業で、こうした「狭い読み」しか行っていなかったという実態があれば、文章全体を眺めて読んだり考えたりするよう、指導者も学習者も少し意識を変えていこうということである。

短い教材なら毎時間全文音読をする、「はじめ―中―終わり」の簡単な文章構造の図を常に掲示しておき、いつでも（ことある度に）参照できる（参照する）ような環境づくりをする、ということでもよい。全体の中の、この部分（段落、ことば）なのだという見方を大切にする。このことが、批判的読みを行いやすくすることに通じる。

〈参考文献〉
1 小松善之助（一九八一）『楽しく力のつく説明文の指導』明治図書、九四頁
2 森田信義（二〇一一）『「評価読み」による説明的文章の教育』溪水社、五八頁
3 長崎伸仁（一九九七）『新しく拓く説明的文章の授業』明治図書、一七―三九頁
4 同右、七五頁
5 同右、七五―七八頁

2 批判的読みの基本的なあり方

第Ⅰ章第3節「批判的読みとは何か」の**1**で、批判的読みのあり方について三つを示した。「X　文章（ことば、論理）に反応する」「A　筆者について考える（読む）」「B　自分の考え・論理をつくる」である。本節では、それを「批判的読みの基本的なあり方」として、もう少し構造的に整理して捉えてみる。

図1（四〇―四一頁）は、批判的読みの学習活動を開発する際に説明的文章教材の特性をどのように把握すればよいかを示したものであり、批判的読みの基本的なあり方を示したものである。〔1〕読みの目的・ねらい〕〔2〕読み・検討の観点〕〔3〕読み・検討の対象〕の大きく三つの部分からなる。

〔1〕読みの目的・ねらい〕としては、第Ⅰ章で示した三つの読み方に対応させて、同様に「X　文章（ことば、論理）への主体的、積極的な反応」「A　筆者の発想の推論」「B　自分の考え・論理の形成」の三つとして置いた。

「X　文章（ことば、論理）への主体的、積極的な反応」が下支え的に位置付いているのは、この読み方が批判的読み全体の基盤となっていることを示している。文章（テクスト）に何が書いてあるのか、どのように書き表されているのか、どんな考え方に基づいているのか。そうしたことを求めようとする態度がないのでは、何も始まりようがない。これが基底的な読み方となって実際的には「A　筆者の発想の推論」と「B　自分の考え・論理の形成」の二つのいずれかに重点を置いた形で授業での批判的読みは行われる。

「B　自分の考え・論理の形成」が太枠で表示されているのは、最終的にこの読み方に至らせたいためである。ただし、それは「A　筆者の発想の推論」を踏まえた上でなされないと、文章（＝筆者）の表現、論理を軽んじた恣意的な読みに陥ることになりかねない。AとBとが点線矢印で〈相対化〉の関係性としていること、Bから右に延びる読みの行為を表す矢印の上に丸括弧で「A　筆者の発想の推論」を置いていることは、このことを意図している。文章（テクスト）を読んで、何がしかの情報を得て、それでおしまい。いつもそれだけで済ませていたのでは、自分を成長させることには限界がある。異質な他者である筆者に立ち向かい、時にうなずき、時に疑問を感じながら、自分の考え・論理をつくっていく構えを身に付けさせたい。

A、B両者共に、文章を批判的に読んでいく際に、その読み・検討の対象とするのが3の「読み・検討の対象」に示した事柄（筆者の発想）である。矢印がそうした読みのあり方を示している。さらに3にある内容面、形式面、世界観の具体的事項として置いているaからlは、右端の点線枠内にある序論部、本論部等の文章の各部について用いられる。図ではそのことを線でつないで示した。「本論部」に◎印を付しているのは、それが学習（指導）の中核となる意味である。

1の「読みの目的・ねらい」の意識をもち、3の「読み・検討の対象」に向かって批判的読みを展開する際に機能させたいのが、2の「読み・検討の観点」にある五つ（必要性、妥当性・適切性、整合性、十分性・納得性、曖昧性）である。これらの観点は、Aの「筆者の発想の推論」としての批判的読みの際にも生かされる。が、Bの「自分の考え・論理の形成」としての批判的読みの際により有効に作用すると考えられる。よって矢印と2の枠をつなぐ線も点線と実線とで区別した。

以下、各部分について説明を加える。

〔3 読み・検討の対象〕

（筆者の発想）

内容面

a 内容・特質

b 種類

c 価値

d 共通点・相違点

e 答え・主張・意見

形式面

f 説明の分量

g 順序

h 論の展開

i ことば・表現

j 図表・絵・写真等

世界観

k 動機

l 見方・考え方

・序論部

◎本論部

・結論部

・題名

・文章全体

積極的な反応

の基本的なあり方

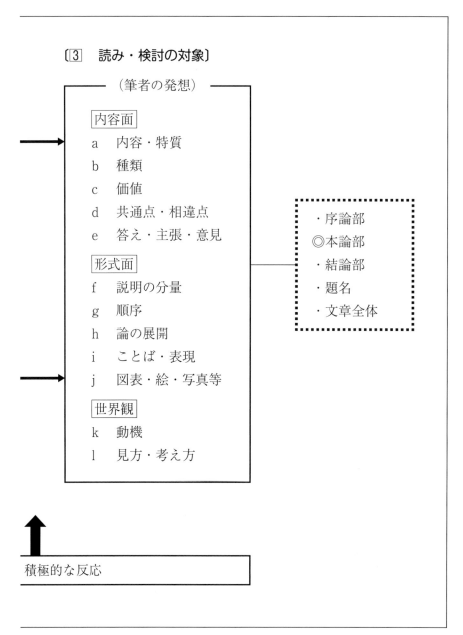

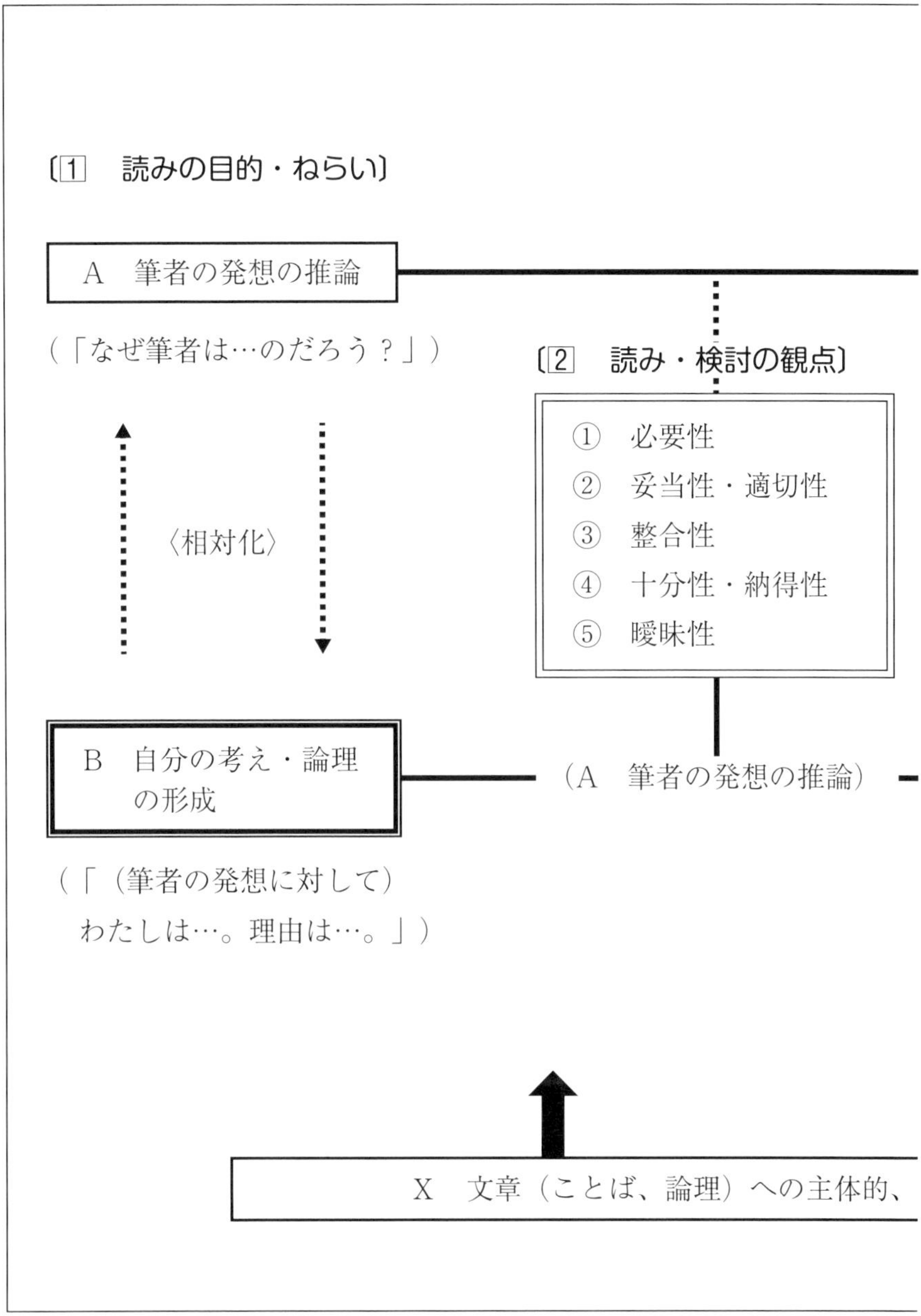
〔1　読みの目的・ねらい〕
A　筆者の発想の推論
（「なぜ筆者は…のだろう？」）
〈相対化〉
B　自分の考え・論理の形成
（「（筆者の発想に対して）わたしは…。理由は…。」）
〔2　読み・検討の観点〕
①　必要性
②　妥当性・適切性
③　整合性
④　十分性・納得性
⑤　曖昧性
（A　筆者の発想の推論）
X　文章（ことば、論理）への主体的、

図1　批判的読み

1 ● 読みの目的・ねらいについて

図1では、説明的文章の批判的読みのあり方を大きく次の三点から捉えている。

X 文章（ことば、論理）への主体的、積極的な反応

A 筆者の発想（認識、思考、表現のありよう）の推論

B 自分の考え・論理の形成

先に述べたように、Xの文章への反応は下支え的に位置付き、批判的読み全体の基盤となっている。このことについて、寺井正憲（一九九二）は、文章に批判的に反応することの重要性を指摘した上で、批判的に反応するとは、論理の欠陥や矛盾に気づくことではなくて、もっと素朴な「わからない」「おかしい」「なぜか」「そのとおりだ」「自分の考えとちがう」などの不明点、疑問点、肯定や否定の反応をすることであると述べている[1]。読みの力としての系統的側面から考えると、Xの文章への反応は低学年でより重視して行われるべきであるということになる。Aは、森田信義（一九八四）の「筆者の立場を追究することを主とする第三層の読み」[2]や長崎伸仁（一九九二）の「筆者を読む」[3]に該当するものである。Bは、井上尚美（一九八三）の「評価、批判、鑑賞に関する発問」[4]に類するものである。文章の形式、内容（＝筆者の認識、思考、表現のありよう）について、読者としての自己の考え、価値判断をもつ、表現することを目指す[注]。

2 ● 読み・検討の観点について

ここには「必要性」「妥当性・適切性」等、五つを置いた。これらは井上（一九九八）の「批判的な読みのチェックリスト」において「比喩や類推は適切か」「証拠となる資料や事例は十分か」「不適切な資料や証拠は

ないか」「根拠のない主張・結論はないか」等の具体的な形でも示されている観点である[5]。吉川芳則（二〇一二）でも、図1の五つと同様な「検討の観点」として「筆者の意見、主張に納得できるかどうか」「事例の書き方は十分かどうか」「『序論―本論―結論』の整合性がとれているか」等を提示した[6]。

必要性と妥当性、適切性と十分性等、重複する面もあるが、文章のありようや特性、3の「読み・検討の対象」に照らし合わせて、取り組みやすい観点を中心に学習活動を設定すればよい。またこれら五つの他にも、検討の観点を細分化したり付加したりすることも可能だが、あまりに詳細に過ぎるものは実践に機能しない。そのため限定的に設定した。これは、次の3の「読み・検討の対象」の内容についても同様である。

3 読み・検討の対象について

これは筆者の発想に当たるものである。文章の内容面、形式面、（筆者の）世界観の三つの内容で捉えることにした。内容面にあるaからdの「内容・特質」「種類」「価値」「共通点・相違点」は、主に本論部（の事例のあり方）を読む際に批判的に検討する対象になるものとして想定している。eの「答え・主張・意見」は、主に結論部を読む際に対象とするものである。したがって、aからdを対象とした2にある観点での読みが、eの読みにつながることになる。

形式面にある五つも、ほとんどが本論部の読みに関するものを想定している。実践的にもそのような授業展開が多い。とりわけ「g 順序」を検討対象とし、2の「② 妥当性・適切性」「④ 十分性・納得性」を観点とした実践例が多い。また批判的読みに初めて取り組む教師にも抵抗少なく行えることを吉川芳則（二〇一四、二〇一五）で報告している[7][8]。実践面での広がりという点では、これらfからjの項目が、本論部だけでなく文章全体を対象とするものとして授業開発されることが望まれる。

「読み・検討の対象」に世界観を置いたのは、批判的読みでは「自分の考え・論理の形成」を目的・ねらいとしていることから、内容面、形式面での検討を経る中で、そうした文章表現をとった筆者の発想、すなわち世界観（世界認識）を自己のそれと対比させ、同調や揺らぎを生じさせることが本来は不可欠である。授業者と学習者の状況が整えば、そこへ向かうべきことを意識する意味で位置付けた。

図1に示した「批判的読みの基本的なあり方」をガイドマップとして教材研究を行い、同時にそこから実践を形づくる学習活動や発問を発案していくようにするとよい。

〈注〉

吉川（二〇一二）では、クリティカル・リーディングを取り入れた言語活動の段階として、Aを「第2段階の読み」、Bを「第3段階の読み」とした。

〈参考文献〉

1 寺井正憲（一九九二）「批判的な読みの理論の検討―実践的立場から理論構築の在り方を考える―」『月刊国語教育研究』、日本国語教育学会、№二三九、四六―五一頁
2 森田信義（一九八四）『認識主体を育てる説明的文章の指導』溪水社
3 長崎伸仁（一九九二）『説明的文章の読みの系統――いつ・何を・どう指導すればいいのか――』素人社
4 井上尚美（一九八三）『国語の授業方法論――発問・評価・文章分析の基礎――』一光社、七二頁
5 井上尚美（一九九八）『思考力育成への方略――メタ認知・自己学習・言語論理――』明治図書、七七―八七頁
6 吉川芳則（二〇一二）『クリティカルな読解力が身につく！　説明文の論理活用ワーク（低学年編、中学年編、高学年編、中学校編）』明治図書、一〇―一七頁
7 吉川芳則（二〇一四）「説明的文章の批判的読みの授業づくりの要点――指導に習熟する過渡期の教師の取組をもとに――」『国語科教育研究』第一二六回全国大学国語教育学会名古屋大会研究発表要旨集、二二五―二二八頁
8 吉川芳則（二〇一五）「説明的文章の批判的読みの授業づくりへの手がかり――習得初期段階の若手教員の場合――」『国語科教育研究』第一二九回全国大学国語教育学会西東京大会発表要旨集、三三五―三三八頁

3 批判的読みの学習活動の開発

1●「本論部」を批判的に読む――事例のあり方に着目して

説明的文章の読みは、内容的にも、分量的にも、本論部をどのように読むかが重要となる。結論を支える本論部で示された事柄がどのようであるか、またその述べ方はどうであるか検討することが、筆者の主張を論理的に、また実感的に読むことにつながる。

論の展開の中核をなす本論部では、読み手を説得し納得させるために、筆者が事例を提示している場合がほとんどである。具体的な例がなく、抽象的な意見ばかりでは、読者は理解できない。これは、大人も子どもも同じである。

読み手である児童生徒にとっても、事例に関する箇所は具体的なイメージがわきやすい。説明の内容や対象を実感的にも捉えやすい。こうしたことから、授業では意欲をもって取り組むことができる部分である（澤本和子、一九九一）[1]。

したがって、説明的文章教材における事例のあり方をどのように授業の中で扱うかは、児童生徒の主体的な学習、指導者の授業づくりの基本となる。では、本論部にある事例の何を、どのように扱えばよいか。

教科書の説明的文章教材の「学習の手引き」や先行実践における事例の扱い方を調べた結果と、吉川芳則

（二〇一二）で示したこと[2]とを合わせて、事例を批判的に読む場合のポイントを、四〇―四一頁の図1「批判的読みの基本的なあり方」の内容との対応で以下のように考えている。

(1) 事例を検討する目的・ねらいは何か

A　筆者の発想（認識のあり方や表現の意図）を推論する。

B　推論した筆者の発想に対する、読み手自身の（自分の）考え・論理をつくる。

(2) 事例をどういう観点で検討するか

右の「目的・ねらい」のうち

＊Aの「筆者の発想の推論」の場合

↓（3で示した内容について）

「なぜ、筆者はこの（これらの）事例について……のだろう?」と考える。

＊Bの「自分の考え・論理をつくる」場合

↓（以下の①から④の観点について）

「（筆者は、このように事例を挙げているけど、それについて）わたしは……（反対、賛成）。その理由は……」と考える。

①　必要性――（その・それらの事例は）必要か?

②　妥当性・適切性――（その・それらの事例は）ふさわしいか?　なくてもよいか?

③　整合性――（その・それらの事例は）他で述べられていることと齟齬・ズレはないか?

④　十分性・納得性――（その・それらの事例で）十分か?　納得できるか?

(3) 事例の何について検討するか

内容面

ａｂｃ　事例の内容・特質、種類、共通点・相違点

「こういう例（事柄）が書かれているけれど……」

「この例（事柄）と、この例（事柄）とは、中身（の質、種類）が違うけれど……」

形式面

ｆ　各事例の分量（それぞれに、全体として）

「この例（事柄）のほうは、ずいぶん詳しく（たくさんの分量で）書かれているけれど……」

ｇ　事例の順序

「三つの例（事柄）は、この順番で書かれているけれど……」

ｉ　事例の表現

「この例だけ、文末が『～ではないだろうか』となっているけれど……」

ｊ　事例と図表・絵・写真等との関係

「この写真は、この例のことを説明するのに置いてあるのだな……」

世界観

ｌ　事例の見方、捉え方

「これらの事例を並べて述べようとしたということは……、○○ということを考えているのかな……」

つまり、右に示した⑴、⑵、⑶にある、〔Ａ、Ｂ〕、〔①～④〕、〔ａ～ｃ、ｆ～ｌ〕それぞれを組み合わせて、事例のあり方について検討する学習活動をつくっていけばよいということになる。もっと詳細な要素、観点を示すことも可能だが、実践には機能しにくい。簡便なものでないと実際的ではない。

〔3 事例検討の対象〕

（筆者の発想）

内容面

a 事例の内容・特質

b 事例の種類

c 事例間の共通点・相違点

形式面

f 各事例の分量

g 事例の順序

i 事例の表現

j 事例と図表・絵・写真等との関係

世界観

l 事例の見方・考え方

本論部

※図1（四〇―四一頁）をもとに「本論部（事例）検討版」として再構成（　　は加筆部分）。

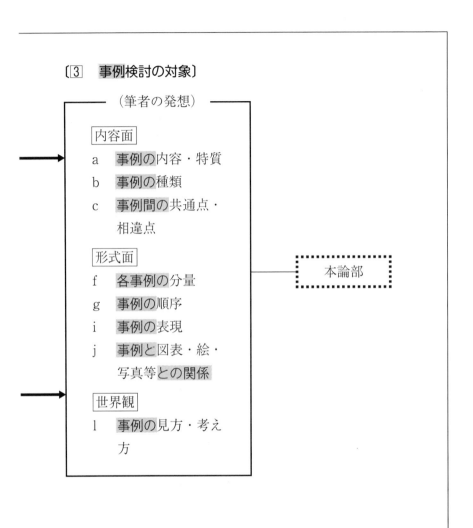

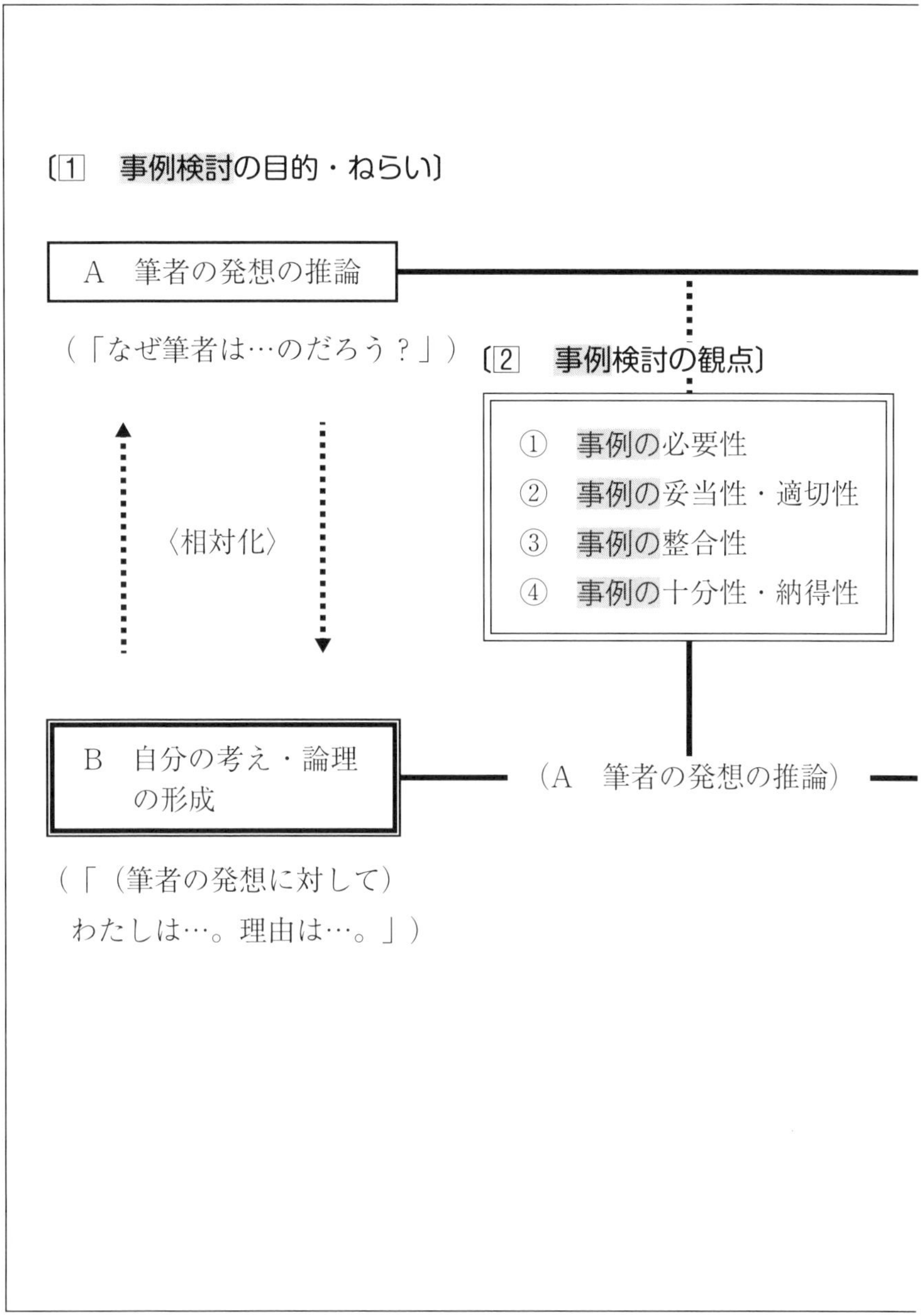

図２　本論部における事例

そこで、これについては検討したいものを示す形にした。四八―四九頁の図2のようなイメージとなる。

図2では、まず批判的読みの学習活動を「A　筆者の発想の推論」と「B　自分の考え・論理の形成」のどちらを目指して設定するのか決める（〔1〕事例検討の目的・ねらい〕の欄参照）。

「A　筆者の発想の推論」をねらって、つまり筆者がどのような考えで本論部にある事例をそのように書き表したのかを推しはかって読むことを目指す場合には、〔3〕事例検討の対象〕を直接読みの対象として取り上げることになる。こちらは「なぜ筆者は…のだろう?」という読み（「筆者を読む」こと）が中心になる。〔2〕事例検討の観点〕の「①　事例の必要性」「②　事例の妥当性・適切性」あたりを意識して「なぜ筆者は、こうした例を取り上げているのだろう?」（「a　事例の内容・特質」）、「なぜ筆者は、三つの例をこの順序で並べているのだろう?」（「g　事例の順序」）という読み方、考え方となる。したがって、矢印が〔3〕事例検討の対象〕に直接届く形になっている。

「B　自分の考え・論理の形成」を目指して批判的読みを行おうとする場合には、「（筆者はこのように事例を挙げているけれど、それについて）わたしは……と考える。理由は…だからである。」という読み方になる。よって、〔2〕事例検討の観点〕に即して読む（考える）ことになる。

つまり、実際的には〔3〕事例検討の対象〕にあるaからc、fからlの中で検討する対象を選んで学習活動をつくっていく。が、その際、〔2〕事例検討の観点〕にある①から④のうち、どの観点に即して批判的に読み、検討するのか、組み合わせて読み方を決めるということになる。

たとえば「①　事例の必要性」について検討しようということになると、次はそれを〔3〕事例検討の対象〕の「f　各事例の分量」を選択して行うとなると、「筆者は、二つ目の事例をこんなにたくさん（詳しく）書いているけれど、わたしはそんなに詳しくしなくてもよいと思う。なぜなら……。」という具合である。

[2]の四つそれぞれについて、[3]の八つのどれもが検討対象になり得るので、[2]と[3]の間はかけ算のようなイメージとなる。

批判的読みでは、「A　筆者の発想の推論」を基本としたい。が、推論した筆者の発想に対する「B　自分の考え・論理の形成」がなされないのでは、「力強い読み手・読者を育てる」ことにはならない。ただ、時間的なことも、学習者の状況もある。段階的に「A　筆者の発想の推論」でとどまることがあってもよい。

また「A　筆者の発想の推論」を行うことは難しいが、事例のあり方に対して、Bに該当する「自分の考え」を表明することはできるという場合もあるだろう。筆者の考えや意図はさておいて、[3]事例検討の対象」にある「g　事例の順序」について「自分の考え」を言うことはできる、という学習者、学級もあることだろう。書かれている事例のあり方に対する素直な自分の考えを言う、ということである。本文に主体的に反応しているわけなので、批判的読みとしては認めたい。が、いつまでもそのままで、筆者の考えがどうであろうとそんなことに関係はなく、自分はこう思うということを発するだけでは、読み方としては危うい。いずれかの段階で、「筆者はこのように考え、こういう意図でこのように書いたのだろうけれど、それについてどう思うか?」と問える学習者、学習集団になるように導くことを意識しておきたい。

■「すがたをかえる大豆」（光村図書、三年）を例にした「批判的読みの基本的なあり方」図の活用の仕方

「すがたをかえる大豆」（光村図書、三年・平成二七年度版下巻）を例に、図の見方、使い方を述べてみよう。

本教材は、「はじめ」の部分で、大豆がいろいろな食品に姿を変えていること、昔からいろいろ手を加えて、おいしく食べる工夫をしてきたことが述べられている。問題提示文はないが、「おいしく食べるくふうをしてきた」という叙述の裏返しとしての「どんなおいしく食べる工夫をしてきたのだろうか」という疑問を見いだすことは、それほど難しいことではない。

そうした話題設定に基づいて、「中」の部分では五つの「食べ方の工夫」が例示される。
①「大豆をその形のままいったり、にたりして、やわらかく、おいしくするくふう」
②「こなにひいて食べるくふう」
③「大豆にふくまれる大切なえいようだけを取り出して、ちがう食品にするくふう」
④「目に見えない小さな生物の力をかりて、ちがう食品にするくふう」
そして、「これらのほかに」と断った上で、
⑤「とり入れる時期や育て方をくふうした食べ方」
もあるとしている。

これを受けて結論部では、「こんなに多くの食べ方がくふうされてきたのは、……たくさんのえいようをふくんでいるから」「やせた土地にも強く、育てやすいことから、多くのちいきで植えられたため」とし、「大豆のよいところに気づき、食事に取り入れてきた昔の人々のちえにおどろかされます」と結んでいる。

図を手がかりに、「中」の部分にある五つの事例を批判的に読む学習活動を見いだしてみる。

まず〔1 事例検討の目的・ねらい〕において、「B 自分の考え・論理の形成」をねらう学習活動を設定することに決めるとする。

次は、事例の何を対象に検討するか、である（〔3 事例検討の対象〕）。〔2 事例検討の観点〕はひとまず置いておき、対象となる事例の「内容・特質、種類、共通点・相違点」「分量」「順序」（3の内容）等を意識しながら本論部を読み直す。

「a 事例の内容・特質、b 種類、c 共通点・相違点」に着目してみる。これを問題にしようとすると、それぞれの「くふう」の内容を理解しておくこと（森田信義の言う「確認読み」）が必須であるし、大切であ

る。工夫の内容でいうと、五つの工夫はずいぶんと違う。①は「その形のまま」であるが、②から④は形が変わる工夫である。ここで例は大きく二つの種類に分けられることになる。

では、形が変わる工夫として挙げられている②から④は、内容的に皆同質の工夫であると考えてよいか。こんなふうに見ようとすると、③④はどちらも「ちがう食品にするくふう」とある。それに比べて、②にそのことばはない。粉にひくと、もちろん「ちがう食品」ではあるが、③の豆腐、④の納豆や味噌、醤油の複数段階からなる作り方に比べると、ずいぶん簡単ではある。

ここで、図2の〔2 事例検討の観点〕に目を向けて、「① 事例の必要性」という観点をもち出してみると、②のきなこ（「こなにひいて食べるくふう」）の例は必要なのかどうか、問うて（考えて）みたくなる。ついでのようだが、〔3 事例検討の対象〕にある「f 各事例の分量」を意識すると、①から④（⑤も）まではすべて一行の文字数は同じであるにもかかわらず、②の「こなにひいて食べるくふう」（きなこ）だけが極端に短く三行である。①の「その形のまま」の工夫（豆まき用の豆、煮豆）は八行、③（豆腐）も八行、④（納豆、味噌、醤油）は十三行使われている。〔2 事例検討の観点〕でいうと「② 事例の妥当性・適切性」と重ね合わせて、この三行という分量は妥当かどうか、考えたいところである。「ちょっと短すぎる……。ひどいのではないか?」と問うと、子どもたちは何と答えるだろうか。

「a 事例の内容・特質、b 種類、c 共通点・相違点」については、⑤「とり入れる時期や育て方をくふうした食べ方」（枝豆、もやし）の例をなぜ筆者は置いているのか、と「A 筆者の発想の推論」の読み方としても気になるところである。わざわざ「これらのほかに」と断った上で述べているのである。「③ 事例の整合性」や「④ 事例の十分性・納得性」の観点からも検討する余地はある。

ある三年生のクラスで、なぜこの⑤を置いたのか問うてみたことがあった。すると一人の男の子が「枝豆はお父さんのビールのつまみによく出てくるから、これは入れとかないといけないと筆者は思ったんだと思う」と答えたことがあった。だから、書いてあるのはよいことである、という意見である。おもしろい捉え方だと思う。

また〔3 事例検討の対象〕の「g 事例の順序」にも対応させて、①から⑤のこの事例（工夫）の順序はこれでよいか（「② 事例の妥当性・適切性」「④ 事例の十分性・納得性」）も考えてみたい。順序性のルールについては、吉川芳則（二〇一二）で「身近な（親しみのある）ものから目に触れにくい（親しみのない）ものへ」「具体的（特書）なものから抽象的（一般的）なものへ」など五点を示した[3]。ここでは「簡単な工夫から複雑な工夫へ」ということも考えられてのことかもしれない。

以上、図2をどのように見て、使って、「中」（本論）の部分にある事例の批判的読みのあり方を見いだすことができるのか、「すがたをかえる大豆」（光村図書、三年）の教材を例にして、その手順を述べた。

2●「結論部」を批判的に読む――筆者の主張に着目して

序論―本論―結論（はじめ―中―終わり）の基本構成をとる説明的文章において、結論部は文章のまとめであり、序論部で提示した問題に対する答えや、筆者の主張や意見が述べられている部分である。結論部における批判的な読みは、それら答えや主張、意見のあり方に対して行うことが中心となる。

その際のポイントとしては、目的・ねらいとして、筆者の発想（認識のあり方や表現の意図）を推論すること、推論した筆者の発想に対する、読み手自身の（自分の）考えや論理をつくることの二つとすることなど、大枠は次に示すように、先に示した本論部の事例の批判的読みのときのものと共通する。

(1) 結論部を検討する目的・ねらいは何か

Ａ　筆者の発想（認識のあり方や表現の意図）を推論する。
Ｂ　推論した筆者の発想に対する、読み手自身の（自分の）考え・論理をつくる。

(2) 結論部をどういう観点で検討するか

右の「目的・ねらい」のうち
＊Ａの「筆者の発想の推論」の場合
↓（3で示した内容について）
「なぜ、筆者はこうした答え・主張・意見を出しているのだろう？」と考える。
＊Ｂの「自分の考え・論理の形式」の場合
↓（以下の②③④の観点について）
「（筆者は、このように結論部で答えを出している〔考え、意見を主張している〕けれど、それについて）わたしは……（反対、賛成）。その理由は……」と考える。
② 結論部の妥当性・適切性――（その答え・主張・意見は）ふさわしいか？
③ 序論部・本論部との整合性――（その答え・主張・意見は）序論部や本論部で述べられていることと齟齬・ズレはないか？
④ 結論部の十分性・納得性――（その答え・主張・意見で）十分か？　納得できるか？

(3) 結論部の何について検討するか

内容面

ａ　結論部の内容・特質
「（筆者は）こういうことを（序論部で示したことへの）答え、意見としているけれど……」

e　答え・主張・意見
「（筆者の）主張していることは、序論部の問題提示ときちんとつながっている（つながっていない）、対応している（対応していない）。なぜかというと……」

形式面

f　結論部の分量
「このことを主張するのに、たったこれだけの量で十分だろうか……少ないのでは？」
「ちょうどよい分量でまとめてあって、わかりやすくてよい」

h　結論部の展開
「急にまとめになった……」「本論で述べた事例とちょっと違った中身だ」
「本論から自然な流れでわかりやすい」

i　結論部の表現
「こういうことば（表現）で主張しているけれど、もっと違うことばのほうがまとめとしてはよいのではないか」

これらは、事例を読むときと同様に、五八―五九頁の図3のような読みのあり方のイメージとなる。

〔2〕結論部検討の観点〕では、「②　結論部の妥当性・適切性」「④　結論部の十分性・納得性」は、事例を批判的に読む場合と同様な観点として置いている。「③　序論部・本論部との整合性」については、整合性ということでは事例のときと同じだが、ここでは序論部や本論部との内容、形式面（書き方）での整合性があるかどうかを検討することにしている。

〔3〕結論部検討の対象〕としては、「a　結論部の内容・特質」「e　答え・主張・意見」は結論部の内容

に関するもの、「f　結論部の分量」「i　結論部の表現」は形式面（書き方）に関するものということになる。

事例のときと同様に、「A　筆者の発想の推論」をねらう場合には、直接〔3　結論部検討の対象〕について「なぜ筆者は…のだろう?」と読んでいくことになる。「B　自分の考え・論理の形成」をねらう場合には、2と3にある要素を組み合わせて、批判的読みのあり方を決定することになる。

以下、「ウナギのなぞを追って」（光村図書、四年）、「人をつつむ形——世界の家めぐり」（東京書籍、三年）を例にして、説明してみよう。

■「ウナギのなぞを追って」（光村図書、四年）の場合

本教材（光村図書、四年・平成二七年度版下巻）は、日本のウナギが南の海のどこで卵を生むのか、海洋生物学者である筆者が、自身の調査の結果をもとに明らかにしている報告・記録型、実証型の説明的文章である。

冒頭の一段落は「今年もマリアナの海にやって来ました。（中略）あざやかなぐんじょう色の海は、白い船体を青くそめてしまいそうです」と描写的要素があり、現場から実況しているかのようなルポ的表現でもある。

本教材の場合、序論部、本論部それぞれの後に一行空きが設定されているため、三つの部分の構成は明確である。この冒頭段落を含め、序論部は三つの段落で構成されているが、問題提示の疑問文はない。しかし、序論部最後の一文が「それからこの場所が（一斉に卵を産む場所として——引用者注）つき止められるまでに、実に八十年近くの年月がかかったのです」となっていることから、どのようにしてそれがつき止められたのかを述べていくのだな、ということは推測できる。

本論部では、ウナギの赤ちゃんであるレプトセファルスが最初にとれた一九六七年を始めに、筆者が調査に加わるようになった一九七三年から、はじめて卵をとることができた二〇〇九年まで、年代順に三十六年間の調査の内容や結果について述べている。

〔3　結論部検討の対象〕

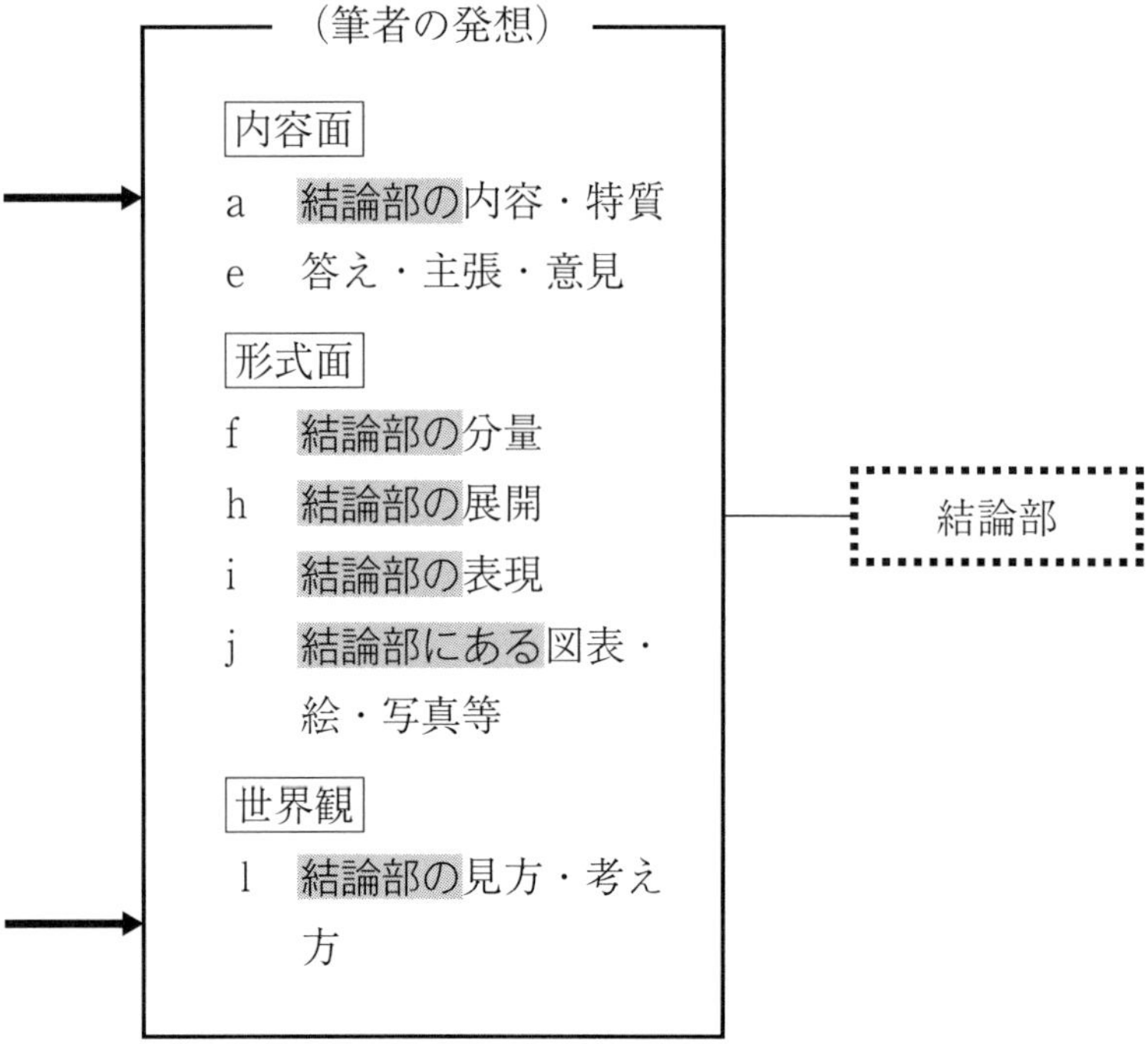

※図１（四〇―四一頁）をもとに「結論部検討版」として再構成（　　は加筆部分）。

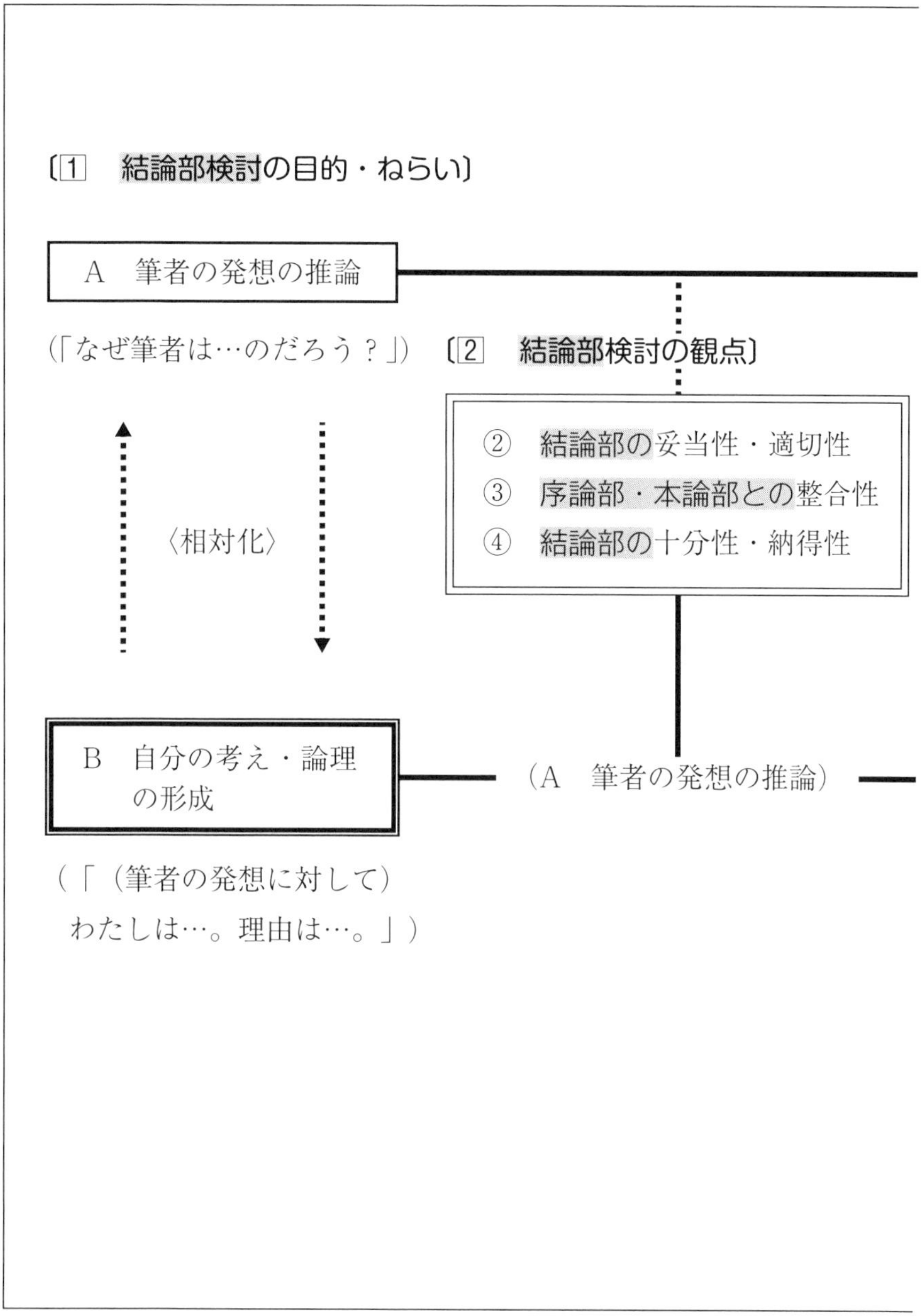
〔1 結論部検討の目的・ねらい〕
A 筆者の発想の推論
（「なぜ筆者は…のだろう？」）
〈相対化〉
B 自分の考え・論理の形成
（「（筆者の発想に対して）わたしは…。理由は…。」）
〔2 結論部検討の観点〕
② 結論部の妥当性・適切性
③ 序論部・本論部との整合性
④ 結論部の十分性・納得性
（A 筆者の発想の推論）

図3 結論部の批判

結論部では、次のように三文で締め括っている。

　ウナギがどこでたまごを産むのかという問題は、これでほぼ明らかになったといっていいでしょう。しかし、なぜこんな遠くまでたまごを産みにやって来るのか、広い海の中でどうやってオスとメスは出会うことができるのか、知りたいことはまだまだふえるばかりです。これらのなぞをとくために、わたしたちは、今年もマリアナの海にやって来たのです。

この部分を読むに際して〈3 結論部検討の対象〉の「e 答え・主張・意見」に着目してみる。「A 筆者の発想の推論」を目的とする場合は「なぜ筆者は…のだろう?」と問うていくので、次のようなことを考えたくなる。そして、筆者の意図を推論することになる（括弧内、矢印以下）。

ア　一文目で「ほぼ明らかになったといっていいでしょう」と述べているのは、なぜだろう。

（→確かにウナギの卵はとれたが、まだ数や回数的に十分ではないからではないか。）

イ　二文目で「知りたいことはまだまだふえるばかりです」と述べているが、なぜ結論部分でこれからのことを述べなくてはならないのだろう。

（→筆者は海洋生物学者。一つ解決できたら次の新たな問題に挑戦していくのが研究だから。この文章も研究者としての挑戦、試行錯誤の大変さ、それが報われたときの楽しさ、おもしろさを述べたものである。）

また検討の対象として「i 結論部の表現」に着目すると、次のようなことを考えることになる。

ウ　三文目では「わたしたちは、今年もマリアナの海にやって来たのです」と締め括っている。筆者はなぜ、こんな文学的な（物語のような）書き方をしているのだろう。

（→序論部の冒頭の一文が「今年もマリアナの海にやって来ました」で始まっている。それと対応させているのではないか。読みやすさも考えているのではないか。）

これらア、イ、ウを今度は「B　自分の考え・論理の形成」を目的として見てみる場合には、〔2　結論部検討の観点〕の②から④を組み合わせて、「筆者はそのように考え、書いている。それに対してわたしは…」という姿勢で読むことになる。

aやeに対してなら、「② 結論部の妥当性・適切性」の観点から「学者なんだから、もっともな考え方であり、姿勢だから、こういう内容と表現の仕方でよいと思う」という肯定的意見もあれば、「今回の調査の内容のことだけを簡潔にまとめればよいのではないか」というやや否定的な意見をもつこともあるだろう。

iに対しても同様に、「③ 序論部・本論部との整合性」の観点から「冒頭の一文と対応させてうまい表現だ」「研究が続く感じが出ていてよい」と肯定的に読むことができる。これは「② 結論部の妥当性・適切性」の観点と抱き合わせての読みということになる。一文目までで終わる場合と、三文目で終わる場合との、読者の立場での感じ方の違いを考えてみることもよい。

■「人をつつむ形――世界の家めぐり」（東京書籍、三年）の場合

本教材（東京書籍、三年・平成二七年度版下巻）は、世界の異なる地域にある家のつくりについて紹介したものである。やや長めの序論部の最後は、次のように締め括られている。

どの家も、その土地のとくちょうや人々のくらしに合わせて、地元にあるざいりょうを使い、くふうしてつくられています。

では、わたしのたずねてきた世界の家をしょうかいしましょう。

この後の本論部で紹介されている三つの事例（移動できる組み立て式の家ゲル――モンゴル、地面の穴底を横に掘った家――チュニジア、雨水を飲み水として利用するために、わらで作った屋根が漏斗のような形をし

た家――セネガル）も、ここに記されている①土地の特徴や人々の暮らしにどのように合っているか、②どのような材料を使っているか、③どのような工夫がなされているか、に即して説明がなされている。

しかし本文は、最後の事例であるセネガルの家の紹介が終わったところで終了している。つまり序論部、本論部と来ても、結論部がないのである。こうした結論部が欠落している教材文は、「じどう車くらべ」「どうぶつの赤ちゃん」（光村図書、一年）など低学年には時折見られる。

この場合、〔3 結論部検討の対象〕に照らし合わそうとしても、結論部の文章そのものが存在しないのであるから選択しようがない、ということになる。ただ「e 答え・主張・意見」、「i 結論部の表現」「f 結論部の分量」のいずれも「なし」、というふうに筆者は発想したのだと考えることもできる。そうした意図、発想に対して、「A 筆者の発想の推論」の立場から「なぜ筆者は『なし』にしたのだろう」と考えることはできる。また「B 自分の考え・論理の形成」の立場からは、〔2 結論部検討の観点〕の各要素と関連させて、「『ない』けれど、それでよいか、わかりやすいか」（「② 結論部の妥当性・適切性」）や、「結論部がないけれど、読んでいて納得できるか」「なくても不都合ではないか」（「④ 結論部の十分性・納得性」）と問うことはできる。

もちろん「これでよい」とすることもできる。しかし「まとまりがなくなるので、不十分。納得できない」ということであれば、「では、どのような結論部にすればよいか。筆者になりかわって書いてみよう」という学習活動が設定できる。

3● 「序論部」を批判的に読む――話題設定のあり方に着目して

序論部は、これから説明し論を展開していくに当たって、どのようなことを述べていくのか話題を設定し、読者に読みの構えをつくらせようとする部分である。教科書所収の説明的文章の多くは、この部分に疑問文〈問題提示文〉を置き、この問いを解明する形で論を展開するものが多い。

序論部においても、先に示した本論部、結論部と同様に、四〇―四一頁の図1「批判的読みの基本的なあり方」の枠組みに即した形で、批判的読みの学習活動を構想することができる。六四―六五頁の図4は、「基本的なあり方」を序論部用に整理したものである。

序論部も、批判的読みの目的・ねらいとしては、図1の1にある次の二つであることは同じである。

A　筆者の発想（認識のあり方や表現の意図）を推論する。

B　推論した筆者の発想に対する、読み手自身の（自分の）考え・論理をつくる。

これらのどちらかについて、本文を検討していくことになる。まず、Aの「筆者の発想の推論」について検討するとしよう。次には、2の〈序論部検討の観点〉を意識したいところだが、ひとまず置いておき、3の〈序論部検討の対象〉に目を向けることにする。

図4では、内容面として「a　序論部の内容・特質」と「e　答え・主張・意見」が設定されている。eは結論部に主に該当するものである。が、文章の中には、頭括型、双括型と言われるように、序論部で先に言いたいことを示して論の展開を図っているものもある。そうした文章に対応するものとして設定した。

授業場面における序論部の検討対象は、形式面をより重視して、そこに内容面の二つを合わせて考える、というのが実際的ではないかと考える。

〔3　序論部検討の対象〕

（筆者の発想）

内容面

a　序論部の内容・特質

e　答え・主張・意見

形式面

f　序論部の分量

h　序論部の展開

i　序論部の表現

j　序論部にある図表・絵・写真等

世界観

k　動機

序論部

※図1（四〇―四一頁）をもとに「序論部検討版」として再構成（　　は加筆部分）。

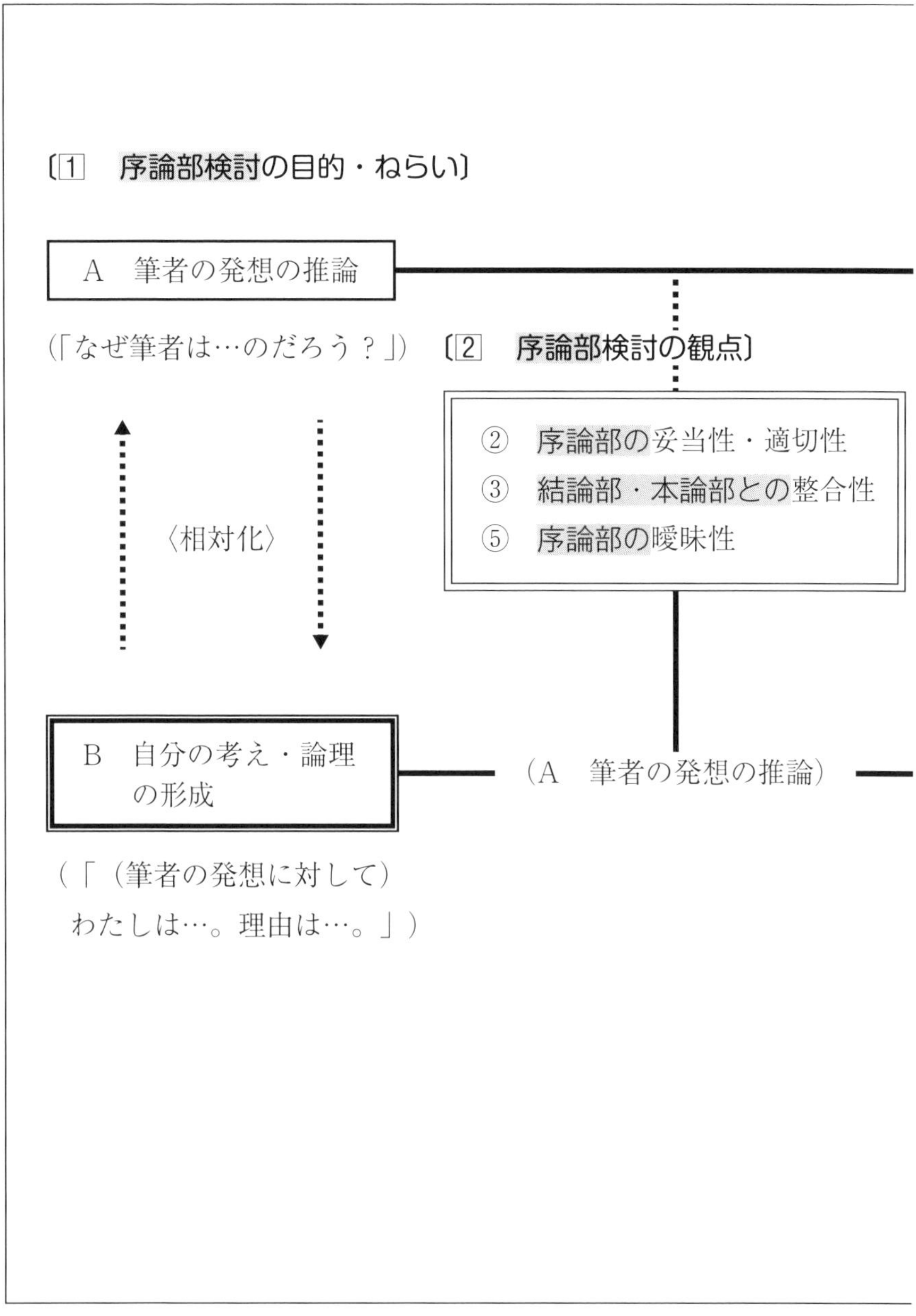
〔1　序論部検討の目的・ねらい〕
A　筆者の発想の推論
（「なぜ筆者は…のだろう？」）
〈相対化〉
B　自分の考え・論理の形成
（「（筆者の発想に対して）わたしは…。理由は…。」）
〔2　序論部検討の観点〕
②　序論部の妥当性・適切性
③　結論部・本論部との整合性
⑤　序論部の曖昧性
（A　筆者の発想の推論）

図4　序論部の批判

「めだか」（教育出版、三年・平成二七年度版上巻）を例に取ろう。本教材の序論部は次のようである。

めだかの学校は　川の中
そっとのぞいて　みてごらん
そっとのぞいて　みてごらん
みんなで　おゆうぎ
しているよ

（茶木《ちゃき》　滋《しげる》『めだかの学校』より）

春になると、小川や池の水面近くに、めだかがすがたをあらわします。めだかは、大変《へん》小さな魚です。体長は、大人になっても三、四センチメートルにしかなりません。

めだかは、のんびり楽しそうに泳いでいるようですが、（中略）大きな魚や「ざりがに」にもおそわれます。

では、めだかは、そのようなてきから、どのようにして身を守っているのでしょうか。

このように、最後に問題提示文が配されており、読者は身を守る方法を意識しながら読み進めることになる。批判的に検討したいのは、冒頭にある『めだかの学校』の歌詞である。ここで〔2　序論部検討の観点〕の中の「②　序論部の妥当性・適切性」に照らし合わせると、「なぜ筆者は、こんな歌詞を一番初めに置いているのだろう？」と推論していくことになる。「春になると、……」から始めても論旨には何も影響はない。むしろ、このほうが普通の説明的文章の書きぶりである。それなのに、なぜ、わざわざ歌詞から始めるのだろうか。このように筆者の発想に思いを巡らせることになる。

これに対する理由としては、読者は三年生の子どもだから親しみをもたせようと考えたのではないか、と推しはかることができる。また、めだかの泳いでいるイメージを歌詞によってより具体的、実感的につかませて、最初の段落につないでいこうと考えたのではないかとすることもできる。

このように「A　筆者の発想の推論」がなされたら、「筆者は、そのように考えて初めに歌詞を書いた。それについてわたしは……」と、次は「B　自分の考え・論理の形成」へと進む批判的読みも展開してみたい。もちろん、「筆者が書いているようでいい。何だろうと興味をもって読んでくれるから」と賛成意見を述べる学習者もいれば、「あってもいいけど、別になくても『春になると……』から始めてもすっきりするので、なくてもよいのではないか」というふうに、学習者それぞれの考えを、理由を伴って表出できればよい。

読者を意識した、いわば筆者の「序論の表現」の工夫に当たるものは、「『鳥獣戯画』を読む」（光村図書、六年・平成二七年度版）の冒頭部でも見られる。同教材の書き出しは次のようである。

はっけよい、のこった。秋草の咲《さ》き乱れる野で、蛙《かえる》と兎《うさぎ》が相撲《すもう》をとっている。蛙が外掛《が》け、すかさず兎は足をからめて返し技《わざ》。その名はなんと、かわず掛け。おっと、蛙が兎の耳をがぶりとかんだ。この反則技に、たまらず兎は顔をそむけ、ひるんだところを蛙が――。

墨《すみ》一色、抑揚《よくよう》のある線と濃淡《のうたん》だけ、のびのびと見事な筆運び、その気品。みんな生き生きと躍《やく》動していて、まるで人間みたいに遊んでいる。（後略）

本教材の場合は、「ぱっとページをめくってごらん」「どうだい」「今度は君たちが考える番だ」等、全編を通じて読者に呼びかけるような表現が使われている。しかし、物語り風なこういう序論部の書き出しは（とくに高学年では）多くはない。

こうした冒頭部の表現のあり方について、〔2　序論部検討の観点〕の「②　序論部の妥当性・適切性」に対応させ、とくに「適切性」の観点から検討することは学習活動として試みられてよい。肯定的であれ、否定的であれ、自分としての理由付けを伴って主張させることが必要である。さらには、教材文全体を見渡し、全体の中での序論部としての内容、表現のあり方に、是非の根拠を求めさせることが大切である。

4●論の展開のあり方を批判的に読む

ここまで本論部、結論部、序論部と、各部分に分けて批判的読みのあり方を述べてきた。本節では、それらを連ねる形での「論の展開のあり方」としての検討のあり方について考える。図1「批判的読みの基本的なあり方」（四〇—四一頁）では、〔3〕読み・検討の対象〕の「形式面」に「h　論の展開」として置いている。

論の展開を検討すると言っても、あまりに細かなことを問う必要はない。序論部で問題・話題を提示し、それについて本論部で具体的に例を挙げながら説明・説得する。そして結論部で答え・主張・意見を述べる。こうした論じ方、論証の仕方について、〔1〕読みの目的・ねらい〕から、次の二つの読み方が考えられる。

A　筆者の発想の推論

（問い）「なぜ筆者は、このような展開をとったのだろう」

↓「筆者がこのように展開して述べたのは、○○と考えた（意図した）からではないか」

B　自分の考え・論理の形成

（問い）「筆者は、○○の考えでこのような展開をとっている。これについて、どう考えるか」

「筆者は、○○の考えでこのような展開をとっている。これは、わかりやすいと思うか」

↓「わたしも、これはとてもわかりやすくてよい述べ方だと思う。なぜかというと……」

↓「わたしは、少しわかりにくいように思う。なぜかというと……」

実際には、本論部、結論部の内容を読み取った後、本論部の展開を中心に、そこで述べたことがうまく結論部の内容につながり、わかりやすくなっているか、納得できるかを吟味、検討するという学習になる。その場合、教科書所収の説明的文章教材の文章展開には、大きく次の二つのタイプがある。

① 序論部に設定された文章全体を統括する大きな問い（話題）を、解決していく展開のタイプ

② 本論部に設定された小さな問いを順次解決しながら展開していくタイプ

これらの問い（問題、話題）に対して答えを出すべく説明、説得を展開していく、そのあり方について、筆者の意図を推論したり、自分の考えをもったりするのである。

①の展開は、説明的文章教材では典型的なものであり、多くの教材文が採用している。「じどう車くらべ」（光村図書、一年）、「いろいろな　ふね」（東京書籍、一年）など早い段階から登場している。

②の（小刻みタイプと言ってもよい）小さな問いを順に提示しそれらを解決していくこのタイプの教材は、以前に比べて増えてきた。①のタイプばかりになると、読みやすい、教えやすいかもしれないが、教科書以外の説明的文章は様々な書きぶりをとっている。多様性への対応という意味では、①以外の説明的文章が教材化されることは必要である。以下では、この②のタイプの教材文を例に「論の展開を批判的に読む」ことのあり方を述べることにする。

■小さな問いを順次解決する展開を批判的に読む

「和の文化を受けつぐ」（東京書籍、五年・平成二七年度版）を例にとろう。本教材では、序論部で「わたしたちの生活の中には、古くから受けつがれてきた日本の伝統的な文化がたくさん」あることを話題提示し、その中で和菓子を取り上げ「その歴史の中で、さまざまな文化と関わりながら発展《はってん》し、現代に受けつがれて」きたことを示している。その上で、本論部において次の三つの小さな問いを順に展開していく。

○和菓子は、どのようにしてその形を確立していったのでしょうか。まず、和菓子の歴史を見てみましょう。

○次に、和菓子《わがし》とほかの文化との関わりを見てみましょう。

○では、その和菓子の文化は、どのような人に支えられ、受けつがれてきたのでしょうか。

これらの問いに対する答え、説明を経て、結論部で「このように、和菓子の世界は、知るほどにおくが深いもの」であること、「伝統的な和の文化を再発見させてくれるような魅力《みりょく》があるといえる」とまとめ、さらに最終段落では、焼き物や漆器などにも目を向け、「そこにどんな歴史や文化との関わりがあるのか、どんな人がそれを支えているのかを考えることで、わたしたちもまた、日本の文化を受けついでいくことができるのです」と筆者の考えを主張して締め括っている。

こうした文章全体の構成、組み立ては、通読後にあらましを確認し、文章の各部分の精査（読み）の際に随時対照させるとよい。そして全文の内容を読み深めた後に再度こうした構成を振り返り、批判的に検討する。

「A　筆者の発想の推論」をすることによる批判的読みの場合には、「なぜ筆者は、このように小さな三つの問いを順番に出しながら説明をしたのだろう」というのが基本的な発問となるが、「このように小さな三つの問いを順番に出して説明することで、筆者はどのようなよさ、わかりやすさが出てくると思ったのだろう」という発問でもよい。

「読者が次々と興味をもって読み進められるように考えたから」「説明の中身が一つずつの話題に集中していて、わかりやすくなると考えたから」など、学習者なりの多様な理由付けが出てくることが好ましい。

「B　自分の考え・論理の形成」の観点での批判的読みを行う場合は、「筆者は小さな三つの問いを順番に出して説明を進めているが、この説明の仕方についてあなたはどのように思うか」と問いかけることになる。「わかりやすいと思うか」と問うてもよい。

肯定（わかりやすいと）する立場の意見としては、先の「A　筆者の発想の推論」で考えたことを理由付けにすることになるだろう。「筆者は、『次はこうした点から、和菓子が確立してきた理由を説明しようとしているのか』と読者に思わせようとして、こういう展開にしたと思うので、わたしもそれには賛成です。なぜかというと、一つずつ納得して読み進められるからです」や「前の問いに対する答えの内容につなげたり、合わせたりしながら読めるので、理解が深まりやすかったからです」のようなものがあるだろう。

もちろん反対意見も出てきてよい。「はじめに大きな問い（問題）が出されて、そのことに集中して読んでいくほうがわかりやすい」という意見もあるだろう。また「小さな問いを連ねていくのはよいけれど、序論部で『歴史、他の文化との関わり、どのような人に支えられてきたか、この三つについて見ていきます』のように、予告してくれたほうがわかりやすい」というような「注文タイプ」の意見が出てきてもおもしろい。

■ 既習教材文と比較して批判的に読む

右にも述べたが、こうした論の展開を検討する場合には、既に学習した教材文の構成、論の展開を思い出し、比較することを積極的に行いたい。②の「小刻みタイプ」は、同じ東京書籍の教材文では、四年生で習った「ヤドカリとイソギンチャク」がある。それと比べて、共通するよさ（または不具合さ）を話し合う。

また、同じ②のタイプのものでなくても、①の全体を統括する大きな問いを有する「典型タイプ」の教材文と比較することでもよい。こちらは思い出しやすいかもしれない。

いずれにしても、一教材だけはよくつかめない特徴も、もう一つ（または二つ以上）の教材文と比較することで、その特徴ははっきりとする。試みてみたい。

5 ● 表現（ことば）のあり方を批判的に読む

説明的文章は、情報や主張を伝えたい、そしてそれに納得してもらいたいという筆者の願いに基づいて書かれている。そのため書き手である筆者は、本章でも解説したように序論部における話題設定のあり方、本論部における事例の述べ方、結論部における主張の仕方、そして論の展開や題名のあり方等、様々な工夫を内容面、形式面で施している。

本項で取り上げる文章の表現（ことば）のあり方にも、当然筆者は配慮を凝らしている。しかし、それが効を奏している場合と、そうでない場合とがある。よくない例としては、日常的に問題にされるのが、いわゆる誇大広告である。売り込もうとするばかりに、実態とかけ離れているにもかかわらず、よく見せようとことばを操って伝える。こうした表現のあり方について、的確に、批判的に読むことができる読者でありたい。

説明的文章教材にも、こうした表現（ことば）の危うさ（もちろん逆のよさ、効果）は当然ある。それを批判的読みの中身として位置付けようというものである。

この点について、森田信義（一九八九）は「ことがら・内容選びの工夫」「論理展開の工夫」とともに「表現の工夫」を教材研究の観点として挙げている。そこには「ことば選びに厳密さがあるか」「用語、術語は正確か」「表現に遊びはないか」「文体に工夫があるか」などを具体的な観点として示している[4]。

阿部昇（一九九六）も、表現（ことば）のあり方を批判的に検討する際の観点を提示している[5]。阿部は「妥当」「不十分さ」「誤り」「整合」「許容できない飛躍」「矛盾」を明らかにしていく「吟味読み」の方法として、「ことがら（事実・意味）」「論理」「筆者はなぜ、そのような不十分な書き方をしたのか」の三点を置いた。その中の「ことがら」の内容には「ことがらについての表現に、誇張がないか」「用語そのものに、曖昧性（ユレ）・恣意性がないか」等のように、森田の言う「表現」（たとえば「ことば選びに厳密さがあるか」）に該当するものが含まれている。

都教組荒川教研国語部会（一九六三）は「国語科における論説文批判読みのための要素分析」として「1

事実と意見のふるいわけ」「2　何を重くとり上げているか」「3　因果関係を追ってしらべる」「4　とり巻いている条件は」の四点を挙げている[6]。そのうち、「1　事実と意見のふるいわけ」には「修飾（文末）のコトバの中から意見を見ぬく」等、森田の言う「表現の工夫」に関するものが多い。

これら先行研究で提示している観点、内容は、どれも批判的読みには重要なものである。しかし、あまりに詳細であったり、数的に多すぎたりすると、かえって実際の授業では扱いにくい。中には小学校の授業では扱いの難しい内容もいくらか見られる（「表現に遊びはないか」…森田信義、「コトバが正しく事実や現実を反映し、抽象されて使われているか」…都教組荒川教研国語部会等）。

批判的読みを実施する際に気を付けたいこととしてよく言われる「重箱の隅をつつくような細かな文句づけ」に陥ることがないように気を付けねばならない。単純化、精選化しないと実践に機能しにくい。

そこで、表現（ことば）のあり方について検討する際には、図5（七四頁）に示したような構造、観点で行えれば、ひとまず十分ではないかと考えている。「書かれている事柄、意見（主張）にふさわしいことばが使われているか」を大きな前提の問い（観点）とし、上部の四角枠内の中央に置いた修飾語等の四つに着目して、「大げさすぎないか」（誇張表現）と「曖昧さはないか」の二つの観点に絞って検討する形としている。

図1「批判的読みの基本的なあり方」（四〇―四一頁）との対応でいうと、③ 読み・検討の対象」の「形式面」に「i　ことば・表現」がある。ここに〔1〕 読みの目的・ねらい」の「A　筆者の発想の推論」を目指すこととして、〔2〕 読み・検討の観点」の「⑤　曖昧性」を合わせていくと、「なぜ筆者は、このような曖昧な表現を使っているのだろう」と推論していくことになる。

たとえば「イースター島にはなぜ森林がないのか」（東京書籍、六年・平成二七年度版）に、次のような曖昧な表現が見られる。イースター島から森林が失われた大きな原因として、「農地にするために森林が切り開かれた」こと、「丸木船を作るために、森林から太い木が切り出された」ことを挙げ、「森林から太い木をばっさいしたとしても、絶えず新しい芽が出て、順調に生長していたとしたら」「ヤシの木の森林」は「再生」したはずだが、そうならなかった原因について述べる部分である（傍線引用者、以下同じ）。

　人間とともに島に上陸し、野生化したラットが、ヤシの木の再生をさまたげたらしいのだ。

　ラットは、人間以外のほ乳動物のいない、すなわち、えさをうばい合う競争相手も天敵もいないこの島で、爆発《ばくはつ》的にはんしょくした。そのラットたちがヤシの実を食べてしまったために、新しい木が芽生えて育つことができなかったようなのである。

　そこまでの部分の文末表現は「明らかになっている」「することもできた」「製作がさかんになった」「利用されたのである」「切りつくされてしまったからである」のように断定した表現になっている。しかし、この部分だけが急に推測した曖昧な表現に変わっているのである。それにもかかわらず、直後の段落では、次のように断定的に結論付けてしまっている。

　このようにして、三万年もの間自然に保たれてきたヤシ類の森林は、ばっさいという人間による直接の森林破壊《はかい》と、人間が

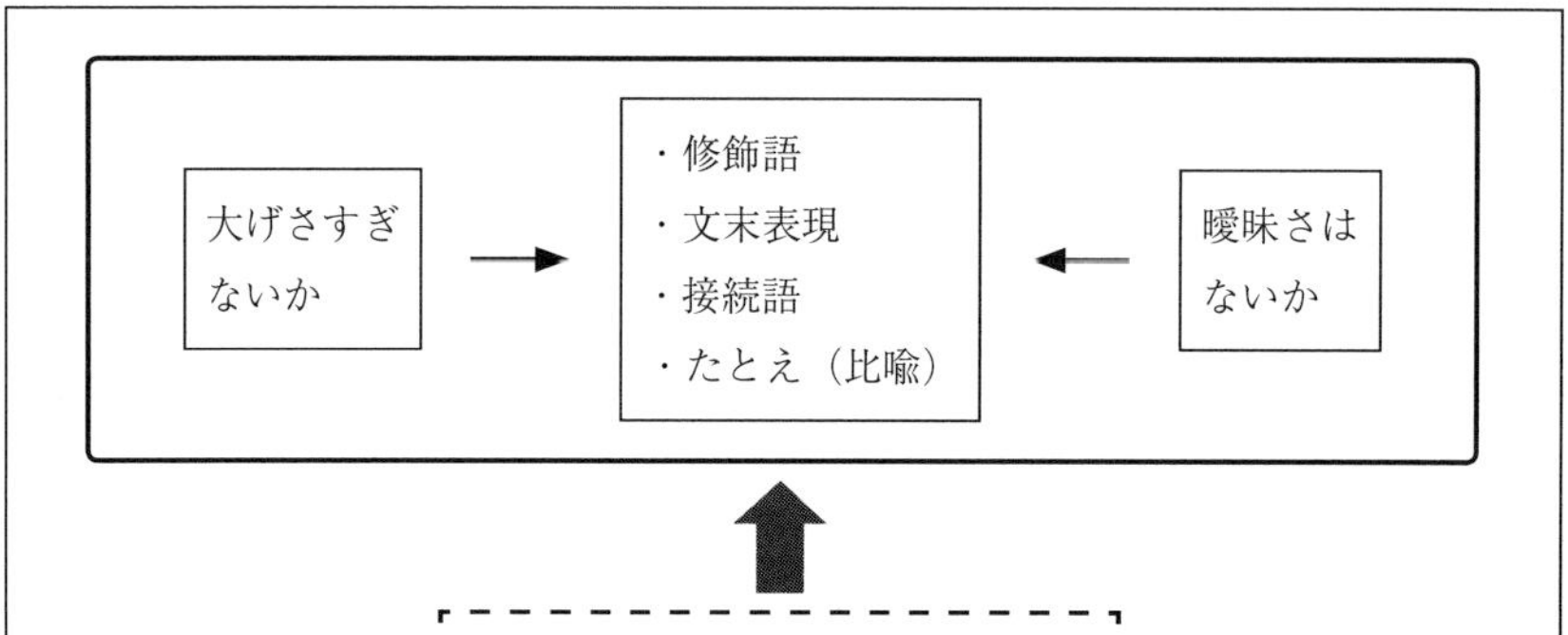
大げさすぎないか
・修飾語
・文末表現
・接続語
・たとえ（比喩）
曖昧さはないか
書かれている事柄、意見（主張）にふさわしいことばが使われているか

図５　批判的読みの指導（＝学習）内容としての「表現（ことば）のあり方」の観点の構造

持ちこんだ外来動物であるラットがもたらした生態系へのえいきょうによって、ポリネシア人たちの上陸後、わずか千二百年ほどで、ほぼ完ぺきに破壊されてしまったのである。

「なぜ筆者は、こんな曖昧な表現で書いているのかな……。十分な調査結果は出ていないのかな……」「それなのに、『しまったのである』と言い切ってしまっているということは、ちょっと結論付けを焦っているのかな」というふうに、筆者の発想を推論していくことになる。

「B　自分の考え・論理の形成」をねらう批判的読みを展開するなら、「この断定表現はよくない。せめて『破壊されてしまったと考えられる』とすべきだ」というふうに意見表明させていくことになる。

6●題名を批判的に読む

説明的文章教材にしろ文学教材にしろ、文章を読むに当たって最初に着目し意識するのは題名である。第Ⅱ章第1節の「批判的読みの基盤づくり」のところで、「題名読み」の学習活動の設定について述べたとおりである。しかし、ここで批判的読みの対象とするのは、それとは別に精読段階での文章の内容的な読みが終わったところで、再度題名のあり方について検討するというものである。

大なり小なり誰もが経験していることだが、作文した折にどのような題名を付けるのかということについては結構苦労する。本文の内容、自分の言いたいことを最も適切に表していることばで表現したいと考えると、なかなか難しい。何と言っても、題名はその文章の顔だからである。筆者もいい加減に付けているわけはない(はずである)。筆者の思い、願い、工夫が反映されている。そうしたことについて考えることを学習とするのである。

図1「批判的読みの基本的なあり方」(四〇―四一頁)に即して、題名を批判的に読むことのありようを示

すと次のようになる。

■ 〔1 読みの目的・ねらい〕として、どちらにするか決める

「A　筆者の発想の推論」の場合

↓「なぜ筆者は、○○という題名にしたのだろう」（他の題名も考えられるのに……。）

「B　自分の考え・論理の形成」の場合

↓（筆者は、□□という考え、発想で○○という題名を付けたのだろうと思う。それに対して）

「わたしも、それでいいと思う。なぜかというと……だからです」

「わたしは、別の題名のほうがふさわしいかなと思う。なぜかというと……だからです。わたしなら、△△というふうに付けたいと考えます」

■ 〔3 読み・検討の対象〕として何に着目するか、その着目した事柄について〔2 読み・検討の観点〕として、どれに即して見ていくのか決める

題名の場合、3の中の「a　内容・特質」「f　説明の分量」「i　ことば・表現」「l　見方・考え方」などを取り上げることが中心となる。

「a　内容・特質」の場合、〔1　読みの目的・ねらい〕との対応でいうと、次のようになる。

「題名として、なぜそのような中身で付けたのだろう」（〔1「A　筆者の発想の推論」の場合）

「わたしは、そのような中身で題名を表現するより、○○の内容のほうがいいと思う。なぜかというと……。」（〔1「B　自分の考え・論理の形成」の場合）

■ 〔2 読み・検討の観点〕として、どれに即して見ていくのか決める

〔2　読み・検討の観点〕を定める作業は、先の〔3　読み・検討の対象〕の決定と同時的になされること

になる。3で取り上げる事柄を、どの観点から検討するかである。

「i　ことば・表現」について検討するのであれば、1「B　自分の考え・論理の形成」をねらう場合は、次のようである。

・そうしたことばを題名に入れねばならないか。（①　必要性）→　入れてよい。入れなくてもよい。
・そうした表現で、この文章の題名としてふさわしいか。（②　妥当性・適切性）→　これでよい。よくない。
・この題名で、本文の内容とずれてはいないか。（③　整合性）→　合っている。ちょっと離れている感じだ。
・この表現で、題名として言い尽くせているか。（④　十分性・納得性）→　うまい表現の題名だ。少々物足りないか……。

①から④の観点は、重なって用いられることも多いだろう。あまり気にせず、これらの観点に触れる形で批判的に読むことができればよい。

また、1「A　筆者の発想の推論」を目指して批判的に読む場合は、「なぜ筆者は、こういう表現をする必要があると思ったのだろう（①　必要性）」「なぜ、このことばが（題名として）ふさわしいと考えたのだろう（②　妥当性・適切性）」のような問い方、考え方になる。

■　他の題名にした場合と比較して読む

題名について検討してみた結果、何か他のものにしたほうがよさそうだけれど、これというものが思い浮かばない学習者もいるだろう。そのように思えただけでも批判的読みとして悪くはない。しかし、これならよいのではというふうに見つからず苦労している場合には、こういう題名ならどうかと、教師側から提示してもよい。比較の思考を使って検討するのである。

そのもの単体だけを見ていてもわからなかったことが、別のもう一つと比較するだけで、そのよさや不十分さが具体的に見えてきたり、実感できたりするということはよくある。

「ありの行列」（光村図書、三年）であれば、たとえば「ありの行列ができるわけ」という題名と比較する。これでも内容との齟齬はない。示した上で、どちらのほうがよいか話し合ってみる。それぞれの理由付けをどのように子どもたちがしてくるか、そこが大切な点である。本文の内容を再度読み直し、確認する契機となる。また、読み手にとってはどちらのほうが読みたくなるか、印象が強くなるかといった、書き手（筆者）の読者意識を推しはかる学習ともなる。最終的な判断は、子どもたちそれぞれが決定すればよい。

■副題を付ける

論文や単行本などのタイトル・題名には、主題とともに副題が付けられているものがある。主題で十分に言い尽くせない内容を副題で補う形である。この副題を付ける活動を、題名を批判的に読む学習の一つとして位置付ける。これは、先の「B　自分の考え・論理の形成」を目指す場合の批判的読みに該当する。

副題を付ける場合として、一つは、現在ある題名はこのままでもよいのだが、副題で付け足すほうがさらに本文の内容とぴったりとくると考えて、ということがあるだろう。今一つは、現在ある題名を変えた上でなおかつ副題も付ける、というものである。どちらのタイプになってもかまわない。全員どちらかのパターン（ルール）にそろえて付けるようにしてもよいし、それぞれ個人のやりやすいほうで自由に、ということであってもよい。学習者の実態に応じて行うようにする。

7●非連続型テキスト（図表・絵・写真等）を批判的に読む

(1) 説明的文章教材における非連続型テキスト

PISA調査（OECD生徒の学習到達度調査）における読解力（読解リテラシー）の対象として、連続型テキスト（物語、解説、記述等のいわゆる文章）と非連続型テキスト（図表、グラフ、地図、宣伝・広告等）の二種類のテキスト形式が採用されたことを受けて、教科書所収の説明的文章教材にも以前に比べて非連続型テキストがずいぶんと増えた。

これまでにも教材文に絵や写真は挿入されていた。しかし、それらはどちらかというと、学習者の発達段階を考慮し、読みやすいように配慮するという要素が多かったと思われる。しかし、小学校でいうと平成二三年度版から説明的文章教材における非連続型テキストの割合は多くなり、現行の平成二七年度版でも増加、多様化している。

たとえば「ウナギのなぞを追って」（光村図書、四年・平成二七年度版下巻）では、全九頁あるうちの各頁に必ず一点は非連続型テキストが配されている（計十一点）。内訳は、写真が五点、地図が三点、グラフ、図、絵が各一点である。特徴的なのは、文章（連続型テキスト）と写真や図等（非連続型テキスト）とを関連付けて読み取らせようとしている書きぶりを、はっきりととっていることである。非連続型テキストが置かれている箇所の本文には「レプトセファルスがとれた場所を地図上に記し（図４）、……」「すると、多くのたんじょう日が、新月の日前後に集まっていることが分かりました（図５）。」のような表記が認められる。

また「天気を予想する」（光村図書、五年・平成二七年度版）も、全八頁に十二点の非連続型テキストが位置付いている。写真が八点、図が二点、表とグラフがそれぞれ一点である。そして本教材の場合、これらのすべてにキャプションが施されている。冒頭に「東京地方の降《こう》水の予報精《せい》度（５年平均）」というキャプションの付いた表が掲載されている序論部の本文は、次のように表現されている。

> （前略）上の表は、翌《よく》日に雨や雪がふるかどうかについて、気象庁《ちょう》が行った予報の的中率を、五年ごとの平均でしめしたものです。これを見ると、一九七〇年代には八十パーセントに満たなかった的中率がだん

だん高くなり、二〇〇〇年を過ぎると八十五パーセント以上になったことが分かります。（後略）

わたしたちがレポートや論文を書くときの書きぶりと同じである。文章と表とを合わせて読み取るスタイルとなっている。

一方で、写真の場合には、このような本文（連続型テキスト）における具体的な記述はない。写真に付けてあるキャプションの文言をたよりに、本文の内容と適宜重ねて読むことを要求している。いずれにしても、本文と図表等とを関連付け、相補する形で読む力が必要になる。ただこうした読み方は、他教科（社会科や理科等）の教科書や図鑑、科学読み物を読む場合には、当然のこととして了解されていたことではある。

この点について、吉川芳則（二〇〇七）は小学校社会科教科書の記述のありようを分析し、児童が社会科教科書を読むためには、どのような力、読み方（＝学習内容）が求められるのかを考察した。五年生の森林資源に関する単元を例に、三社の教科書を総合的に検討するとともに、一社の単元を詳細に分析した結果、育成すべき学習内容として、以下の六点を見いだしている[7]。

・小見出し等を設定した短いまとまりの文章として記載されているため、具体化し敷衍して読む力が要求される。
・会話文や「関係者の話」等が多く挿入され、それらと本文の説明的文章との関係性が必ずしも明確ではないため、文脈や論理展開を推しはかる力が要求される。
・読みの過程で異なる複数のタイプのテクストを読み分け、情報を取り出す力が要求される。
・欄外と本文それぞれのテクストを相互に読み合わせながら、情報を総合的に把握、理解する力が要求される。
・抽象的、断片的な情報内容である写真、図表等の非連続型テキストと本文等の説明的文章テクストを対応させながら敷衍し、具体的、総合的に捉える力が要求される。

・右の五つを支える力として、比較する力、原因や理由を求める力、推理する力等の「関係づける力」の育成を一層重視する必要がある。

これらの力は、従来は社会科や理科など当該教科における教科書の読み方に委ねられてきたものであった。しかし、今後は文章（テクスト）の読み方を直接の指導内容とする国語科授業、分けても説明的文章の授業の中で、意図的、計画的に、他教科の教科書を自力で読めるよう、右に挙げたような力を育てる授業づくりに取り組む必要がある。そして、それは非連続型テキストを批判的に読むことで身に付けることができる。

(2) 非連続型テキストを読み・検討の対象として

図1「批判的読みの基本的なあり方」（四〇―四一頁）では、〔3 読み・検討の対象〕における「形式面」に「j 図表・絵・写真等」を置いている。これに〔1 読みの目的・ねらい〕〔2 読み・検討の観点〕を重ねていくことになる。

1の「A 筆者の発想の推論」と2の「① 必要性」をセットにすると、「なぜ筆者は、この図表や写真を入れたのだろう？」と考える読みとなる。「ウナギのなぞを追って」であれば、序論部に写真が三枚（網で海面近くの何かをすくっているもの、甲板で五人が帆を持ち上げているもの、海に浮かぶ調査船の外観を写したもの）あるが、なぜ筆者はこれら三枚の写真をここに載せたのだろう（載せる必要があったのだろう）？」と考えることになる。これらの写真の前後には、関係した本文の記述はとくにはない。

また、1の「B 自分の考え・論理の形成」を目指すのであれば、2の「② 妥当性・適切性」をセットにして、「この部分に三枚の写真を（筆者は）置いているが、それについてよい（妥当だ）と思うか？」と問う読みになる。その際、「A 筆者の発想の推論」によって考えた読み（筆者が写真をここに挿入した意図）を踏まえることができれば、より質の高い考えを形成できたと言える。

こうした読みを行うに当たっては、「これら（または、この）写真がなかったら何か不都合なことがあるか」「なくても不都合ではないか、それとも不都合か。それはなぜか」を問うことも有効である。

次に「天気を予想する」で考えてみよう。はじめのほうの部分で、予報の「的中率は、どうして高くなったのでしょうか」という問題設定に対して「一つは、科学技術の進歩」だとした上で、「アメダスの観測装《そう》置」「全国二十か所に設置されている気象レーダー」を例に挙げ、次のような記述に続けている。

（前略）他にも、海洋での観測、気球や人工衛星による上空での観測などが、時間を決めて行われています。これらの観測で得た情報は、気象庁のスーパーコンピュータに送られ、そこで、何種類もの予想図が作成されます。科学技術の進歩によって、観測装置やスーパーコンピュータの性能、情報を伝達する仕組みがすぐれたものになり、より速く、正確に予想ができるようになってきたのです。

この部分に関して、「アメダスの観測装置」と「気象レーダー」については写真が掲載されている。しかし「スーパーコンピュータ」の写真はない。代わりに「天気の予想図」と「気温の予想図」が載せられている。

ここで、1の「A　筆者の発想の推論」と2の「①　必要性」をセットにして「なぜ、（筆者は）二つの予想図を載せたのだろう」と問うことができる。また、1の「B　自分の考え・論理の形成」を目指し、「筆者がここに二つの予想図を載せていることについて、どう考えるか？」と問うこともできる。

しかし一方で、スーパーコンピュータの写真がないことに着目して「なぜ筆者はスーパーコンピュータの写真を入れなかったのだろう（正確に予想するために重要な働きをしているのに）」と問うてみたい（1の「A　筆者の発想の推論」）。また「筆者がスーパーコンピュータの写真を入れていないことについて、どう考えるか。このままでよいか。入れたほうがよいか」についても考えさせたい（1の「B　自分の考え・論理の形成」）。

つまり、あってもよいと思われるものについて、なぜそれがないのか、それでよいのか、ということについて、2の「① 必要性」や「② 妥当性・適切性」「③ 整合性」等から見て検討を促すということである。

(3) 非連続型テキストそのもののありようについて

非連続型テキストを批判的に読む場合のもう一つのあり方として、非連続型テキストそのもののありようについて検討することが考えられる。掲載されているその図表、写真、絵等のありようは、それで十分足りているかどうかを吟味する、というものである。これは、1の「B 自分の考え・論理の形成」を目指す読みが中心となる。2では「② 妥当性・適切性」「④ 十分性・納得性」での読みとなる。

たとえば「ウナギのなぞを追って」（光村図書、四年・平成二七年度版下巻）には、「レプトセファルスの生まれた数」のグラフと「月の見え方」の絵を一つに収めた「図5」がある。これは、本文にある次の一段落と対応して掲載されているものである。

それから、とれたレプトセファルスのたんじょう日を先ほどの輪の数から計算し、こよみと照らし合わせました。すると、多くのたんじょう日が、新月の日前後に集まっていることが分かりました（図5）。ウナギは、新月のころに合わせて、いっせいにたまごを産んでいるようなのです。

こうした記述内容と照合させた場合、「図5」の書き表され方で十分か、わかりやすいか、どうかを判断させるのである。この「図5」は、前回の平成二三年度版の教材文に掲載されたものから改善されている。前回は「それから、とれたレプトセファルスのたんじょう日を計算し（図5）、こよみと照らし合わせました」のように、図の説明対象とする内容が異なっており、図もわかりにくいものだった。実際にこうした改訂作業はなされるわけなので、そうした目で学習者に批判的に検討させることは必要である。もちろん「これはたいへんわかりやすい」という考えも、その理由がしっかりと言えれば、それはそれでよい。

8●筆者の立場で、自分の立場で、批判的に読む

ここまでで繰り返し述べてきたように、図1「批判的読みの基本的なあり方」（四〇―四一頁）では、〔1〕読みの目的・ねらい」によって大きく二つの読み方を示した。「A　筆者の発想の推論」と「B　自分の考え・論理の形成」である。これらは読みの立場でいうと、筆者の立場で読むのか、自分の立場で読むのかということでもある。最終的には「B　自分の考え・論理の形成」を目指したい。よって、自分の立場で読むことを充実させたいが、筆者の立場で批判的に読むことを疎かにして、自分の立場での批判的読みが肥大化し過ぎると、恣意的な読みに終始する。自己の発想、見方・考え方と異なる他者（筆者）のそれら＝世界観を認識することなく、自己の枠組み、世界観によって思考し判断するだけでは、より豊かな「自分の考え・論理」は形成されない。

(1)「読みの立場」から見た批判的読みの学習活動（発問）の特徴

わたしは、説明的文章の批判的読みの学習活動の実践上の特徴を明らかにしようと、先行研究・実践を分析したことがある。分析する観点の一つとして「読みの立場」を設定し、読者（学習者）側、筆者側、文章側の三つを用意した。説明的文章を自己の価値判断基準で読むか（読者側）、筆者の意図や発想を推論して読むか（筆者側）、文章表現のありようそのものを対象に読むか（文章側）である。これら三点は、説明的文章の読みのあり方としてこれまでからなされてきているものである。

分析対象とした実践は、都教組荒川教研国語部会（一九六三）[8]、井上尚美（一九八三）[9]、森田信義（一九八九）[10]、長崎伸仁（二〇〇八）[11]、森田信義（二〇一一）[12]、吉川芳則（二〇一二）[13]、長崎伸仁（二〇一四）[14]、香月正登・長安邦浩（二〇一六）[15]の八編の文献に所収されているものである。批判的読みの発問レベルの授

業の実際が記述されている事例のある文献を中心に選定した。

表1は「読みの立場」から見た各文献における批判的読みの発問（学習活動）の比率を示したものである。全体的には、読者側からの読みを求める発問（例「どの大豆の工夫が一番すごいですか」・三年「すがたをかえる大豆」）が59％と多くを占めた。文章側からの読みを求める発問（例「文章の中ですごく効果的な段落はどの段落だろう」・六年「豊かな日本語の使い手になろう」）が29％で続き、筆者側からの読みを求める発問（例「どうしてこういう題にしたのか」・五年「イースター島にはなぜ森林がないのか」）が最も低い12％であった。

個別に見ても、各編とも読者側の観点での発問の比率が40％～80％と高かった。対して筆者側からの発問は、0％が四編、10％が一編、17％が一編と全体的には低率であった。筆者の発想を推論するなど筆者側からの学習活動よりも、自分はどう考えるか等の読者側からの学習活動の開発を志向した実践の多いことがわかる。

文章側からの発問はそれぞれ19％～60％となっており、文章のあり方そのものを批判的読みの対象としている学習活動は、筆者側からの発問（学習活動）よりは多いものの読者側からの発問に比べると、どの文献でも約20ポイント、長崎伸仁（二〇一四）では60ポイントも少なかった。また、都教組荒川教研国語部会（一九六

表1　「読みの立場」から見た各文献における批判的読みの発問（学習活動）の比率

文献＼発問の観点		読者側	筆者側	文章側
荒川教研（1963）	n=10［例示］	50%	10%	40%
井上（1983）	n=9　［例示］	56%	0%	44%
森田（1989）	n=5　〈実践〉	40%	0%	60%
長崎（2008）	n=11〈実践〉	46%	27%	27%
森田（2011）	n=5　［例示］	40%	40%	20%
吉川（2012）	n=36〈実践〉	64%	17%	19%
長崎（2014）	n=5　〈実践〉	80%	0%	20%
香月・長安（2016）	n=22〈実践〉	68%	0%	32%
全体		59%	12%	29%

三）の40%、井上尚美（一九八三）の44%のように、批判的読みの導入期の実践のほうが、二〇一〇年前後以降の実践（19%、20%、32%）よりも高率となっており、以前のほうが文章そのものを対象とした批判的読みのあり方を意識していたことがうかがえる。

　表2は、「読者側」から設定されたと認められた発問の類型別の比率と発問例を示したものである。類別の観点は、井上（一九八三）をもとにした。井上の発問は表2にもあるように読者側が中心となっていることから妥当と考えた。井上は、文学教材も含めた「筆者、批判、鑑賞に関する発問」として以下の四点を示している。

a　ある問題—内容、作者（意図、主題、構想、表現）、人物などについて—に対しての自分の感想や意見を自分自身のことばで述べることを求める発問

b　ある考えや作品の価値判断を求める発問

c　ある問題に対するいろいろな解釈の仕方を判断するように求める発問

d　内容を批判することを求める発問

この枠組みに即して、各編の実践における発問例を整理

表2　「読者側」から設定されたと認められた発問の類型別の比率と発問例

発問の観点	ある問題—内容、作者（意図、主題、構想、表現）、人物などについて—に対しての自分の感想や意見を自分自身のことばで述べることを求める	ある考えや作品の価値判断を求める	ある問題に対するいろいろな解釈の仕方を判断するように求める	内容を批判することを求める
分類ごとの比率	23%	43%	17%	17%
井上の発問例	このことについて君はどう考えるか。	Bの方がAよりも優れていると考えるか。それはなぜか。	この問題の解決にはどの方法が最善だと思うか。また、もっと他の方法はないか。	（この文章で言っている内容と矛盾したり違っていたりする例（反証）はないか。）［文章側］
井上の発問例	このことについて君はどんな意見を持っているか、それはなぜか。	これらのうちでどれが一番良い（好き）か。	この文章は私たちにどういうことを教えてくれるか。	（ここで述べられている以外の理由（根拠）はないか。）［文章側］ （この内容について、もっと付け加えるべき新しい情報はないか。）［文章側］
各文献の実践例における発問例	㉒〜㉗の筆者の主張に対して、自分なりの意見を言ってみよう。	あなたはどの昆虫が好きか。	みんなにわかってもらうために、どんなことに気を付けて、自分たちに合ったおもしろい鬼ごっこの説明をすればよいですか。	この説明文を読んで、内容や述べ方などすべてに「納得」できたか。
各文献の実践例における発問例	この説明文にふさわしい題名に書き換えよう。	四つの遊びの中で、どの遊び方が一番面白いと思うか。	説明文のどこを、どのように書き加えたら、小林さんの思いがよりよく伝わるようになるでしょうか。	２つの「着るロボット」から、筆者の思いはどのくらい伝わりますか？
各文献の実践例における発問例	最後の一文に「なるほど！」って言えるか？	一番自然の仕組みをうまく利用していると思った事例はどれですか。	書き手のメッセージが伝わる記事にしよう。	筆者の考えに納得できたか、できなかったか。それはなぜなのかを話し合う。
各文献の実践例における発問例	新田さんは「クロソラスズメダイは、いっしょうけんめい「農業」をしていると思える」と言っていますが、あなたはどう思いますか？　理由をそえて、自分の考えを書きましょう。	⑦段落と⑧段落は必要ですか。	もっとわかりやすくするために、自分だったら、どこをどのように書きますか。	「アップとルーズで伝える」の「はじめ—中—終わり」のつながりは、納得できますか。

した。対象とした発問では「価値判断を求める」ものが43％と最も多かった。次いで「文章内容や筆者の考えについての読者の意見を求める」タイプの23％であった。発問例と合わせて、本論部の事例を中心に価値判断を問う授業づくりが志向されていることが推察される。文章全体や筆者の主張に対する意見を表出する「読者の意見を求める」「内容を批判することを求める」タイプの発問へのつながり、広がりがどのようになされているかの検討が重要である。

表3は、「筆者側」から設定された発問の類型別の発問例を示したものである。発問の観点としては、筆者という文言を直接的に出して問う場合と明示せずに問うものとが見られた。いずれにしても「筆者はなぜ～したのか？」のようにその意図を問うもの、筆者の工夫を問うもの、筆者の考え（気持ち）を問うものに分類できた。

批判的読みの「読みの立場」として、「読者（学習者）側」を中心としつつも、「筆者側」「文章側」の読み（学習活動）とのバランス（内容、量、順序性）を考慮した授業を開発すべきであろう。

(2) どの「読みの立場」を中心にして批判的に読むかは、学習者、指導者の実状に即して

「読者（学習者）側」「筆者側」「文章側」の読み（学習活動）のバランスを考えるということは、図1「批判的読みの基本的なあり

表3　「筆者側」から設定された発問の類型別の発問例

発問の観点	問う対象	発問例
筆者はなぜ？	【題名】	どうしてこういう題にしたのか。
	【事例】	矢島稔さん（筆者）は、どうしてこの三つの昆虫を事例に選んだのか。
	【事例】	矢島稔さん（筆者）は、どうしてこの三つの事例をこの順番に並べたのか。
	【事例】	あなたは、国分さんがこの順番で説明したのはなぜだと考えますか。（ワークシート）
	【語句】	みんながワークシートに書いたことばを見出しやリードに入れていないのは、なぜか。
	【内容】	問題点をなぜ説明するの？　そんなよくないことは書かない方がすっきりしていいのではないですか？
筆者はどんな工夫を？	【書き方】【内容】	筆者は、読者にウナギのなぞを追っていく様子を伝えるために、どんな工夫（書きぶりや内容）をしているのだろう。
	【論の展開】	大きな原因について説明するためにどのような工夫をしているか。
筆者のどんな考えが？	【順序】	説明の順序には、なかにしさんのどんな気持ちや考えが入っていますか。
	【内容】	「でも」に続く段落には、なかにしさんのどんな気持ちや考えが入っているでしょう。

方」（四〇―四一頁）の〔1 読みの目的・ねらい〕の「A 筆者の発想の推論」と「B 自分の考え・論理の形成」の読みの二つの路線のバランスをどう取るかということになる（「文章側」の立場は「筆者側」の立場に含めて考えることにする）。

基本的には「A 筆者の発想の推論」の路線で「なぜ筆者は…のだろう?」と読んでいきたい。「B 自分の考え・論理の形成」の読みの路線でも〔3 読み・検討の対象〕へ向かう矢印上に「A 筆者の発想の推論」を置いているのは、「筆者側」の立場を踏まえた上での「読者側」の立場の読みでありたいことを表してのものである。

しかし、そうは言っても、教室の実態は様々である。筆者というものを意識して説明的文章を読むことに慣れている学級（学習者）と、そうでない学級（学習者）とでは、筆者の発想を推論すると言っても同じようにはいかない。それは教師側にとっても同様であろう。

実際に批判的読みの授業研究を共同で行った五年生の授業の話である。批判的読みの授業をある教材でやってもらうことになった。授業者であるベテランの教師には「A 筆者の発想の推論」と「B 自分の考え・論理の形成」の二つのアプローチがあること、「A 筆者の発想の推論」から行うのが基本であることを説明し、了解してもらった。

しかし、授業のあり方について協議を進めていくうちに、教師の口から「筆者のことを聞いてしまうと、どうも意見が出てくるとは想像がつかない」という意見が出てきた。この教師は批判的読みの授業について、自身で勉強はしていたが、授業経験はそれまでに一回しかなかった。子どもたちの批判的読みの経験はゼロであった。こうしたことから、活発な意見交流になることがイメージできないということであった。そこで、「B 自分の考え・論理の形成」のほうからアプローチすることになった。

授業では、一人の読み手としてまず事例の質的違いを意識させ、その上で筆者の事例の配し方（意図）へ目を向けさせる手順をとった。この授業は、わたしも参観したが、先に自由に自分の考え、判断を述べることができ、その後の筆者の発想の推論もスムーズに行われていた。

その次の年には、同校の別のベテラン教師が、先の教師と同じ学年で、同じ教材文を使い、昨年実施した授業プログラム（学習指導案）を参考に授業を行うことになった。この教師の場合は、これまでに数回批判的読みの授業を実践していた（先の教師の前年度の授業も参観していた）。

この教師のとった指導方針は、前年度の教師とは逆で、「筆者側」の立場での読みを先に行い、その後に「読者側」の立場で読ませるというものであった。そこには「この学級の子どもたちは、先に自分の立場で読ませると、どんどん自分の世界ばかりを主張するようになる」「筆者がこういう考え方で論を展開することをわかって、その上で自分だったらどう書くかと考えさせたほうが、この子たちには合っている」という、担任ならではの実態を踏まえた判断があった。この授業も参観したが、多くの子が筆者の考えを踏まえて自己主張できていた。

本節の冒頭でも述べたように、「筆者の発想の推論」（「なぜ筆者は…のだろう？」）には取り組ませたいし、それを踏まえた上での「自分の考え・論理の形成」に取り組ませたい。が、両者の順序性は学級の実状を勘案して柔軟に考えたい。取り組みやすいやり方で授業に導入すること、子どもたちに批判的読みを経験してもらい、自分の読み方としていってもらうことが、何より大切である。

〈参考文献〉
1 澤本和子（一九九一）「事例列挙型説明文の学習方法研究――第三学年の場合」『国語科教育』第三八集、全国大学国語教育学会、七五―八二頁
2 吉川芳則編著（二〇一二）『クリティカルな読解力が身につく！ 説明文の論理活用ワーク（低学年編、中学年編、高学年編、中学校編）』明治図書、一〇―一七頁
3 同右
4 森田信義（一九八九）『筆者の工夫を評価する説明的文章の指導』明治図書
5 阿部昇（一九九六）『授業づくりのための「説明的文章教材」の徹底批判』明治図書
6 都教組荒川教研国語部会（一九六三）『批判読み』明治図書
7 吉川芳則（二〇〇七）「小学校社会科教科書掲載の説明的文章を読むことに必要な学習内容」『国語科教育』、第六二集、全国大学国語教育学会、二七―三四頁
8 都教組荒川教研国語部会（一九六三）『批判読み』明治図書
9 井上尚美（一九八三）『国語の授業方法論――発問・評価・文章分析の基礎――』一光社
10 森田信義（一九八九）『筆者の工夫を評価する説明的文章の指導』明治図書
11 長崎伸仁編著（二〇〇八）『表現力を鍛える説明文の授業』明治図書
12 森田信義（二〇一一）『「評価読み」による説明的文章の教育』溪水社
13 吉川芳則編著（二〇一二）『クリティカルな読解力が身につく！ 説明文の論理活用ワーク（低・中・高学年編）』明治図書
14 長崎伸仁（二〇一四）『「判断」でしかける発問で文学・説明文の授業をつくる――思考力・判断力・表現力を共に伸ばす！――』学事出版
15 香月正登・長安邦浩編著（二〇一六）『3つの視点で実現する！小学校国語科アクティブ・ラーニング型発問づくり―「自分の考え」を育てる読みの授業の新提案――』明治図書

4 批判的読みで育てる論理的思考力

ここまで図1「批判的読みの基本的なあり方」（四〇―四一頁）に基づく批判的読みの学習活動の開発の手順、ありようを示してきた。開発された学習活動は、当然ながら第Ⅰ章第2節で述べた批判的思考力に培うものになる。そこでも井上尚美（二〇〇〇）を引いて述べたように、「思考」にはもともと「批判的」な要素が含まれてはいる。ただ実践的には、説明的文章の学習指導において目指すべき力としてよく取り上げられる論理的思考力の観点で、どのような力を付けることになるのか、付けられたのかということが意識、確認できれば、より自覚的に批判的読みの授業づくりに取り組むことができる。

1●論理的思考力の具体化

国語科授業における思考力・認識力の要素、構造、系統については、井上尚美、西郷竹彦、櫻本明美、難波博孝らが提案してきた。それらを踏まえ、思考の方法を論理的思考力の具体として、次の四つで指導者も学習者も意識するとよいと考えている。

① 「比較」「類別」
② 「順序」
③ 「原因・理由」

④　「推理・推論」

①のうち「比較」の思考は、たとえば本論部の事例のあり方について図1「批判的読みの基本的なあり方」（四〇―四一頁）の3の「内容面」の「a　内容・特質」を対象に検討する際に働く。「なぜ筆者はこの事例を置いたのか」検討しようとすると、他の事例と「内容・特質」がどのように違うのかを明らかにしないといけないからである。そのものだけを見ていては固有の特質、特徴は浮かび上がりにくい。しかし他のものと比較すると、それらははっきりする。

事例相互を「比較」し、それぞれの「内容・特質」が明らかになれば、それらの事例をいくつかのグループに「類別」する（＝同じものどうしを括って分ける）思考や作業を必然的に伴うことになる。筆者はむやみやたらに例を並べているわけではない。そうであれば「なぜ筆者は、そういうグループの例を置いたのだろう」と推論したくなる（図1「批判的読みの基本的なあり方」の1―A）。そして、そういうグループの作り方についての「わたし」の考えを述べることにも無理なく取り組める（1―B）。

このことは、②の「順序」についても言える。筆者は、意図、考えをもって複数示した事例を並べている。「なぜ筆者は、その順番に並べたのだろう」（1―A）と「妥当性」（2―②）の観点で考えることができる。また「わたしは、その順序で並べているのはよいと思う。理由は……」と考えを表明することもできる（1―B）。

③の「原因・理由」については、「なぜ筆者は……」と問うことであれ、自分の考え・論理の説明には必ず理由が必要であるとすることであれ、自ずと伴う思考である。逆に、筆者や文章のことについて、いつも「なぜ？」「どうしてかというと……」など「原因・理由」の思考に関する観点で考えさせようという意識でいれば、批判的読みの学習活動を発想することに通じやすい。

これは、④の「推理・推論」についても同様である。「A　筆者の発想の推論」そのものがこの思考に当たる。筆者の意図を「推理・推論」する思考を大事にしよう、そう思って教材文に向かう指導者であり学習者であれば、批判的読みの授業は成立しやすい。

他にも習得させたい思考法はあるが、多すぎたり複雑すぎたりすると扱いにくい。小・中学校段階では、まずはこれら四つに単純化して意識させたい。読むことの場合、発達段階に即して教材文の難易度が上がる中で、繰り返しこれらの思考法を使わせ、定着させていくのが実際的である。

授業者としても、批判的読みの学習活動、授業を開発する際に、これらの力の中の主にどれが働くことになるかを合わせて考えると、質の高い学習指導を展開することにつながる。

学習・指導の系統としては、①の「比較」「類別」をベースに④の「推理・推論」へ発展していくことを想定する。が、それは一応の目安である。現実にはこれらの思考は混在し、相互に関係し合いながら使われる。重点的に使わせ学ばせたい系統と捉えて、実践に反映させるようにする。

2 ● 論理的思考を促す発問

本章第3節第8項で批判的読みの先行研究・実践を検討した際、論理的思考力の観点からも分析を行った。ここでは、これまでの実践において、どのような発問によって意図的（結果的）に論理的思考力を育てようとしていたのか、いくつか見てみたい。

表4、5（九五頁）は、それぞれ「比較」「順序」の論理的思考力に培うことが期待できる発問例である。表は、いずれも発問の観点、問う対象、発問例の三つからなっている。「比較」の場合だと、実践例では、発問の観点（＝発問のタイプ）として「どの・どれが？」「一番…は？」「どちら？」「共通点は？」が見いだせ

た。二者間での比較か三者間以上かで、問い方は変わってくるが、いずれも比較して、「問う対象」としての事例や、段落、文章に向かわせることになる。「順序」については、事例を対象に、順序の理由を問う形のものであった。授業の中では扱いやすい発問（学習活動）であると思われるが、あまり用いられてはいない実態があった。

先行実践の分析では、本節のはじめに挙げた四つの論理的思考力以外に「付加・補足」（表6・九六頁）、「仮定」（表7・九六頁）の思考を促す発問例を相当数分類することができた。オプション的に示しておくことにする。

表6の「付加・補足」の発問は、問う対象が内容、理由、段落、非連続型テキスト等のように多様である。「比較」の思考と連動して読み手主体の批判的読みを促す機能がある。

表7の「仮定」については、事例を増加させる、減少させるもの、語句の対象を無しにする、別の語と置き換えるものが見られた。これも「比較」の思考を促す問いとしての活用が期待できる。

表4　「比較」の発問類型

発問の観点	問う対象	発問例
どの・どれが？	【事例】	あなたはどの昆虫が好きか。
		四つの鬼ごっこの中で、自分たちに合った鬼ごっこはどの鬼ごっこですか。問題が起こりそうなのは、どの鬼ごっこですか。
	【段落】	文章の中ですごく効果的な段落はどの段落だろう。
一番…は？	【事例】	四つの遊びの中で、どの遊び方が一番面白いと思うか。
どちら？	【事例】	小林さんは、「マッスルスーツ」と「アクティブ歩行器」の、どちらをより自慢に思っていると考えますか？
	【段落】	⑩段落と⑪段落のどちらを書き直すか。
	【文章】	あなたは大村先生の「ほけんだより」を読み比べて、どちらの文章の方が、伝えたいことをうまく伝えていると考えますか。
共通点は？	【事例】	三つの事例の共通点は何だろう？

表5　「順序」の発問類型

発問の観点	問う対象	発問例
順序の理由	【事例】	矢島稔さん（筆者）は、どうしてこの三つの事例をこの順番に並べたのか。
		あなたは、国分さんがこの順番で説明したのはなぜだと考えますか。
		このお話の答えの虫が、「だんごむし」「せみ」「ばった」の順に並んでいるのはなぜでしょう。
		でも、順番にスイッチを入れていかないといけないんですよね？
		説明の順序には、なかにしさんのどんな気持ちや考えが入っていますか。

表6　「付加・補足」の発問類型

発問の観点	問う対象	発問例
もっと他の・以外の	【内容】	この内容について、もっと付け加える情報はないか。
	【理由】	ここで述べられている以外の理由（根拠）はないか。
わかりやすくするために	【段落】	⑦段落をわかりやすくするのは、どうしたらよいだろう。
もう〇つ加える（た）なら	【非連続型テキスト】	もう一枚写真を載せるなら、どちらの写真にするか。
差し替えてはだめか	【非連続型テキスト】	この写真も、〇〇にあるものですが、どうしてこの写真ではだめなのですか。
書き（付け）加える	【文章】	本文に書き入れたいことはどんなことですか。なぜ書き入れたいのですか。理由を書きましょう。
	【内容】	自分たちに合った鬼ごっこにするには、新しくどんなルールを付け加えるといいですか。どんなよさがありますか。

表7　「仮定」の発問類型

発問の観点		問う対象	発問例
もし…	増加	【事例】	「自然のかくし絵」のページにナナフシが出ている。もしこれを事例に加えたらどうなるか。
	減少	【事例】	もし、事例が一つだったらどうなるか。
	無し	【語句】	もし、形式段落⑩の「ずいぶん」という言葉がなかったら、この説明文はどうなるでしょうか。
置換		【語句】	「また」「さらに」は、「そして」と言い換えることができますか。
…ならできるか		【内容】	一匹のみつばちが帰ってきました。そして、８の字ダンスをしました。みなさんは、なかまのみつばちになったつもりで考えてみてくださいよ。さあ、飛び出せますか。どこに行ったらいいか分かりますか。

5 学習指導過程における批判的読みの位置付け

1●内容を確かめる読みとの関係性

批判的読みは重要だ、必要だと言っても、授業のすべてを批判的読みでカバーするわけではない。内容を確かめ、具体的に捉える読みが、未知の情報獲得を旨とする説明的文章の読みにあっては基本である。しかし、それだけでは、これから高度化し続ける情報社会における自立した読者たり得ないことは、ここまでにも繰り返し述べてきたとおりである。

森田信義（二〇一一）は、内容を確かめる読みを「確認読み」、批判的読みを「評価読み」と呼んで、授業における両者の関係について述べている[1]。森田は、「評価読み」は「確認読み」と無関係ではないこと、むしろ質の高い「評価読み」をするためには、質の高い「確認読み」が必須であること、そして両者が絡み合って、実際の読みが始められ、進められ、完了するとしている。

批判的読みの実践に取り組んでいくと、この森田の指摘は実感できるものである。ただ「両者が絡み合って」の具合、ありようが具体的に捉えられないと、授業化を図ることができないのも事実である。森田は次のようにも述べている。

狭義の「評価読み」とは、「確認読み」と区別された吟味・評価の読みのことである。このようにとらえる「評価読み」が最も理解しやすい。しかし、現場において実践されている「評価読み」を見ると、「確認読み」と「評価読み」の双方を包み込んでいることが多い。従来の読解には限界があるとして、吟味・評価の読みを志向する場合、望ましい読みを代表するものとして、「評価読み」という言葉を使っているのである。これは、いわば、広義の「評価読み」である。実際には、「確認読み」と「評価読み」は、絡み合うような関係にあり、完全に「確認読み」と切り離した形での「評価読み」を目指すことはほとんどない。したがって、「確認読み」との違いを明らかにするためには狭義の「評価読み」を用い、実の場の原理での読みを表す用語としては、「確認読み」を含みつつ、吟味・評価するものとして、広義の「評価読み」を用いることが分かりやすい。

読みのあり方としては、「確認読み」と「評価読み」は、もちろん区別して捉えておかねばならない。が、実際の授業においては、あまりに厳密に分けて発問化したり学習活動化したりしようとすると、批判的読みを導入することそのものが億劫になりかねない。また授業がぎくしゃくした感じになることも懸念される。それは好ましいことではない。

森田は、この狭義の定義を用いて、単元の学習指導過程における「確認読み」と「評価読み」の軽重を、不等号を用いて次のように示している。

題名読み・通読段階……「確認読み」＜「評価読み」

精読段階……「確認読み」＞「評価読み」

まとめ読み……「確認読み」＜「評価読み」

これらは、第一次の通読段階は題名読みも含めて、読者としての素直な読書反応が保証されるという点で「評価読み」としての読みが行われる機会が多いことを意味していると思われる。第二次の精読段階は、本論部を中心とした内容把握がなされることになるので「確認読み」の比重が高いという図式である。第三次のまとめ読みの段階は、これまで評価して批判的に読んできたことを振り返り、全体的に評価する活動が位置付くことが考えられるため、「評価読み」の色合いが強いとしているのだと思われる。

森田は広義の「評価読み」は、右の三つの段階の内容のすべてを指すとしている。いずれの段階にも、両方の読み方が位置付いており、どちらかの読みだけではない。それぞれの段階での「評価読み」のあり方は同じではないから、軽重を付けることができるのである。その読みのあり方の具体は、本章で論じたものが該当する。

2 ● シンプルに位置付ける

森田の授業、学習指導過程における批判的読み（「評価読み」）の柔軟な位置付けは、実践するに当たっては有効である。が、わたしは、批判的読みの授業を始めるに当たっては、もう少しシンプルに批判的読みを授業に位置付けてもよいと考えている。単元のどこか一回、精読段階を中心に一時間の授業の中のどこか一回だけでよいから、批判的読みの学習活動を取り入れてみよう、というものである。

これまで内容を確かめる読みだけで授業をしてきた教師にとって、批判的読みを取り入れることは、なかなかハードルが高い。内容を読み取ることすらままならないのに批判的読みなんてとんでもない、という理屈である。もちろん、そうした教室の現実、学習者の実態のあることは理解できる。しかし一方で、だからと言って内容を確かめる読みだけを旧態依然とした方法で行っても、子どもたちの説明的文章嫌いは何も解消されない。論理的な文章を読み取る力が増すとも限らない。やはり、変化が必要である。

その「変化」をまずは、最小限にとどめ、教師も子どもたちにも、批判的読みの楽しさ、効果に触れるところから始めたいと考えるのである。その具体策が、「とりあえず一回だけでも」ということである。

本章で示してきたどの観点での批判的読みの学習活動でもよい。子どもたちの実態、様子を熟知している教師が、自分の経験年数や指導のあり方を考慮して、本章で示したものの中から取り組みやすそうなもの、おもしろそうだなと思えるものから、授業に導入してみてほしい。取って付けたような活動になっても気にせず、一度やってみる。そこから少しずつ、子どもの意識、授業の文脈に即した批判的読みの位置付けは、それぞれの授業者、教室に合った形で定まっていく。

そんなに部分的、限定的に行って意味があるのか、という意見もあるかもしれない。それでもやってみるのである。批判的読みの完成形をイメージしたものの、そこになかなか行き着きそうにない。そこでとりあえず従来型の「確認読み」のみの授業で済ませる。これでは、子どもたちは結局いつになっても批判的読みを経験することはできない。読むことにおいて、批判的思考を発動することがないままで義務教育を終えることにもなってしまう。

では、その一回をどこで実施するか。

単元レベルで（つまり当該教材で授業を終えるまでの間に）一回ということであれば、本論部、結論部、題名についてのいずれかで行うのがよいのではないかと考える。

本論部での実施は、事例のあり方に着目して検討させることが、はじめて批判的読みに取り組む教師、経験年数が少ない教師であっても比較的取り組みやすく、学習者も考えやすいこと、批判的思考を働かせやすいことを共同研究の成果として得ている。

結論部の場合は、まとめとして書いてある筆者の主張、意見について、読み手である自分はどのように考えるか書いたり、話し合ったりすることでよい。図1「批判的読みの基本的なあり方」（四〇―四一頁）の「B

自分の考え・論理の形成」を目指す読みである。

題名についての検討は、精読段階やまとめ読みの段階で、取り立て的に行うことでも十分である。このことについてのみ批判的に読むということであってもよいかもしれない。

一時間の授業、とりわけ精読段階の本論部の読みの一時間の授業においては、内容を確かめる読みが中心であってよい。そこに図1「批判的読みの基本的なあり方」に示した〔2 読み・検討の観点〕や〔3 読み・検討の対象〕にある項目について批判的に読むことで、書かれてある情報、内容をまた違った角度、視点から捉えることが可能になることが多い。したがって、読みを深める発問・学習活動として位置付ける、すなわち中核となる柱の手立てとして設定するとよい。学習者のものの見方、考え方を変える手立てとして、批判的読みを活用するのである。

いずれにしても、すぐに批判的に読むことができるとは限らない。筆者を意識する、筆者の立場で考えることには、相応の時間、学習経験が必要になる。一回だけの批判的読みでも、繰り返すうちに徐々にそうした読み方に慣れてくる学習者が一人、二人と増えてくるはずである。とにかく、取り組ませてみたい。

〈参考文献〉

1　森田信義（二〇一一）『「評価読み」による説明的文章の教育』溪水社、一九―三三頁

6 「自立した論理的表現者」を目指して

第Ⅰ章第1節で、説明的文章の読みの指導で目指すのは「自立した読者」の育成であることを述べた。氾濫する情報の中から、自分にとって必要なものを適切に取捨選択できる読み手、得られた情報を主体的に活用することができる読み手であってほしいとした。ただ流れてくる情報を半ば自動的に受け取るだけの読み手では、今後好むと好まざるとに関係なく向き合うことになる様々な課題を、自力で解決していくことは難しい。

こうした観点で「自立した読者」であることを期待するということは、それは同時に「自立した表現者」、それも説明的文章の授業でということになれば、少々語呂は悪いが「自立した論理的表現者」に育つことを願って指導するということになる。論理的表現力を身に付けた主体の育成、ということである。

論理的表現力の一つの到達点は、（学術）論文を書く力、学会（研究会）で研究発表をする力であろう。これは誰もが必要とする表現力ではない。が、ここに求められているのは、わかりやすく伝える力、力強く説得する力である。こうした表現力は、日常生活の中であっても、誰もが身に付けていることが望ましい。物事を建設的、合理的、合意的、協力的に進めるためには重要な力である。

説明的文章は、ある情報を筆者がわかりやすく伝えよう、自身の意見、主張を読み手に納得、共感してもらえるように伝えようとして書かれた文章である。批判的読みは、こうした筆者に立ち向かう、力強い読者（読み手）を育てるための読み方である。必然的に筆者の論理性、表現性を問題にすることになる。本章で繰り返し述べてきたことである。

したがって、読みの目的としての「A　筆者の発想の推論」による批判的読みを展開する場合に、本論部の事例の述べ方の内容面、形式面それぞれについて検討するにしても、そこで考え発見した事柄は、理解してわかって終わりというのではもったいない。それらは、いずれ自分が書き手、話し手になって、何かを伝えようとする際に生かされるものとして扱いたい。

具体的には、「こうした筆者の事例の書き方の工夫は、今度何かを説明するときに使っていけたらいいね」と、ひとこと授業の中で言いたい。また、ある事柄について実際に説明して書くことになったとき、「この前の説明的文章の学習で見つけた筆者の論の展開を使って書いてみようか」と持ちかける指導も行いたい。

「B　自分の考え・論理の形成」を目指して批判的に読む場合にも、筆者の意見に対してしっかりと自己の考えをもつこと、それらを出し合って議論、主張ができることが行われていれば、そうした思考のあり方は自分が説明的に表現する立場になったときに、必ず生かされる。また、生かすようにしたい。

自立した「論理的表現者」を目指して、「自立した読者」としての読みの行為を、批判的読みによって実現していくのである。

Ⅲ

教材別
批判的読みの授業デザイン

小学校一年「いろいろな　ふね」（東京書籍・平成二七年度版下巻）

1 本文に積極的に取り組み、事例の内容・特質を実感的につかむ

1●「批判的読みの基本的なあり方」（図1）に基づく本教材の特性

(1) それぞれの船の特徴の具体化

四つの船を説明する際の着眼点は、船の「やく目」と「つくり」「できること」である。本文中にこれらのことばは出てこないが、学習の手引きには示されている。よって、これらの点に即して読みを進めていくとよい。

〔3　読み・検討の対象〕の「内容面」では、それぞれどのような船だろうと興味をもって読むことができる。これは、図1の下部「X　文章（ことば、論理）への主体的、積極的な反応」に即する読みである。「やく目」と「つくり」「できること」に目を付けて「a　内容・特質」を見定めようとすると、様々なことが見えてくる。

たとえば、最初の客船の場合、「やく目」として「きゃくせんは、たくさんの人をはこぶためのふねです」とある。が、「たくさんの人」とは、どのくらいの人数なのだろうか。また、どんな人なのだろうか。これは「つくり」が述べられている「このふねの中には、きゃくしつやしょくどうがあります」とつなげて読むと「旅行をするような人たち」を思い浮かべることができる。

(2) 掲載された船の写真に基づく読み

〔3　読み・検討の対象〕の「形式面」では、「j　図表・絵・写真等」に着目することが大事である。学習

者の生活環境にもよるが、ここに登場するような船は、多くの一年生にとっては乗ったことも見たこともないことが想定できる。とくに後半二つの漁船、消防艇はそうである。したがって、掲載されている船の写真をもとに想像しながら読むことになる。先に客船の説明である「たくさんの人をはこぶ」の「たくさん」とはどれくらいの人か考えることを挙げたが、これも写真にある客船については、という限定の下でのことである。もっと大きな客船もあるだろう。二つめのフェリーボートにしても同じである。

(3) 船の説明（登場）順

「g 順序」を対象とすると、四つの船の説明（登場）順を考えることも扱ってみたい。なぜ「客船→フェリーボート→漁船→消防艇」の順なのだろうか。子どもたちに親しみのあるものからそうでないものへ、大きな船から小さな船へ、運ぶ船から仕事をする船へ、など学習者のユニークな発想が期待できる。これを考えることは、比較の論理的思考力に培い、「d 共通点・相違点」を対象にした批判的読みを促すことにもなる。

(4) 「つくり」にあるものの必要性

〔2 読み・検討の観点〕の「① 必要性」の観点では、たとえば客船の場合、「つくり」としてなぜ客室と食堂が書かれる必要があるか、ということがある。これだけ大きな船なら、他にいろいろな施設があるはずである。それなのにこの二つをわざわざ挙げている必要性である。これは「できること」にある「人は、きゃくしつで休んだり、しょくどうでしょくじをしたりします」との関係で読まねばならない。

このことについては他の船も同様である。三つめの「さかなをとるためのふね」である漁船では、「つくり」として「さかなのむれを見つけるきかいや、あみをつんで」いる。この二つの道具を挙げている必要性は何か、である。この「やく目」と「つくり」の関係性をきちんと説明できる読者に育てたい。

また「できること」としては「見つけたさかなをあみでとります」としか書かれていない。網は対応しているが、魚の群れを見つける機械は「つくり」としてそんなに必要なものか。子どもたちの説明を聞いてみたい。

これらのことは「② 妥当性・適切性」や「④ 十分性・納得性」とも関連する。「たくさんの人をはこぶ」ためには客室と食堂はなぜいるか。それだけの施設で十分か。他の施設は必要ないか。いるとしたら、どんな施設があると考えられるか（あるとよいと思うか）。こうした観点での読み深め、読み広げはさせたい。

(5) 四つの船の掲載理由

「② 妥当性・適切性」では、〔3 読み・検討の対象〕の「b 種類」とも合わせて、これら四つの船で「いろいろなふね」（＝多様な船）の説明としてはよかったか考えることもできる。「④ 十分性・納得性」の観点も加味して、なぜ消防艇か、消防艇のような特別な船でなくてもよかったのではないかとも読むことができる。消防艇ではなくヨットではだめか問うてみると、どんな理由でよい、よくないと答えてくるだろうか。

2 ● 目標

○船や乗り物に興味をもって読んだり調べたりして、紹介文を作ろうとする。（関心・意欲・態度）

○それぞれの船や乗り物の役目とそのためのつくりをつなげて読み取ることができる。（読むこと）

○乗り物の資料から必要な情報を読み取り、選んだ乗り物の特徴が伝わるように、役目とつくりを関係付けて紹介文を作ることができる。（書くこと）

3 ● 学習指導計画（10時間）

第一次　乗ってみたい船を見つけよう。（2時間）

① 題名読みをする。

・船について知っていることや経験したことを話す。
・「いろいろな」に着目して、どんな種類の船が出てくるか予想する。

②　全文を読んで、乗ってみたい船を一つ決める。
・なぜその船に乗ってみたいと思ったのか、理由を書いたり話し合ったりする。
・文章全体を話題提示、船の説明、まとめに分ける。
・新出漢字、カタカナ、ことばの意味など、ことばの学習をする。

第二次　〇〇は、どんな船だろう。(4時間)
・それぞれの船の「やく目」と「つくり」「できること」をつなげて、船としての特徴を読み取る。

第三次　他の船や乗り物を紹介しよう。(4時間)
①　紹介したい他の船や乗り物を調べて決める。
②　選んだ船や乗り物の「やく目」と「つくり」「できること」を見つけて、ノートやカードに書き出す。
③　「やく目」と「つくり」「できること」をつなげて紹介文を書く。
④　書いた紹介文を読み合ったり、紹介し合ったりする。

4　授業展開のポイント

(1)　同じ着眼点で繰り返し読む

文章全体は「はじめ―中―終わり」の基本構成をとっている。「ふねには、いろいろなものがあります」と「はじめ」で話題を提示する。これは題名の「いろいろなふね」と対応している。読者は、どんな船が出てくるのだろうと思って読むことになる。「終わり」では「いろいろなふねが、それぞれのやく目にあうようにつくられています」とまとめられている。結論を示さない場合が少なくない一年生教材としては、整った形式をとっている。「中」の部分では、先の三つの着眼点に即して同じパターンで説明が展開される。事例（船）は変わっても同じ着眼点に即して読むことができるため、事例を経る中で読み慣れていく。読みの方法を習得して「この船は、どんな『つくり』になっているのだろう」と、すすんで本文に向かっていく学習を促すようにしたい。

(2) 具体化して実感的に読む

第二次は「客船って、どんな船だろう」という課題を解決するために、本文のことばを手がかりにその答えを見つけていく段階である。「批判的読みの基本的なあり方」（図1）でいうと、下部にある「X　文章（ことば、論理）への主体的、積極的な反応」を駆動させていく読みである。

一年生の文章であるから、質的には簡単に表現しようとするし、量的にもそんなにたくさんのものを読ませることはできない。したがって、どうしても簡潔な文章となってしまう。十分に言い尽くせていない文章となる。こうした文章では、読んでわかったような気にはなるが、その実体を深くは捉えられていないということになりがちである。この「わかったつもり」に揺さぶりをかけ、具体化して、内容を実感的に納得して捉えていくことが大切である。

① 事例（船）どうしを比較して

たとえばフェリーボートを読むときには、前出の客船と比較して読むよう働きかける。「やく目」としては、どちらも「たくさんの人」を「はこぶ」ということでは共通している。では、何が違うのだろうか。

客船は人を運ぶだけだが、フェリーボートのほうは「じどう車をいっしょにはこぶ」ところが違う。「いっしょに」運ぶのだから、客船にはない「車をとめておくところ」は、「つくり」としては絶対に必要なのである。こうした関係認識は、他の船との異同に目を向けさせることで、働かせやすくなる。相互に比較することで、それぞれ固有の特質を意識しやすくなる。

② 他の「つくり」や「できること」を想像する

書かれている事柄だけでは、その事例の特質を実感的に読めない場合もある。その際には、本文の情報内容を拡張して読むことを取り入れる。漁船であれば、「つくり」として「むれを見つけるきかい」と「あみ」が挙げられている。が、これだけで「できること」としての「見つけたさかなをあみでと」ることができるだろうか。子どもたちは船での漁を見た経験はないだろうが、掲載されている写真も手がかりに、他にどんな物があるといいだろう（ないといけないだろう）」と問うてみたい。「大きくて重そうな網を巻き上げる機械があれば便利」のように発想できれば、より実感的に漁船というものを読むことができたということになる。

(3) 筆者を前面に出さずに、筆者の発想（見方、考え方）に触れさせる

筆者や書き手といったことばを一年生の授業で使うことは難しいかもしれない。ましてや本教材には筆者名はない（それでも誰かが書いたことはまちがいないのであり、一応の筆者は想定できる）。そこで「筆者は……」とか「書いた人は……」と言わずに、筆者の発想を推論するようにする。

たとえば、四つの船を三つの観点で順に読み取った後、「四つの船が出てきたけれど、なぜこの順番に出てきたのか（書いてあるのか）」「別に漁船が一番はじめでもいいのに」と呼びかけてみる。これは「批判的読みの基本的なあり方」（図1）の〔1〕読みの目的・ねらい」の「B　自分の考え・論理の形成」のラインの読みに当たるものである。「大きな船から出てくるほうが読みたくなる」のように自分の考えを表す子がいれば、（読者を意識した）筆者の発想に通じるものと考えてよい。ただし、その考え（読み）は、本文のことば、内容を根拠に、その子なりの理由付けがなされていることは外さないようにする。こうした無理のない筆者像の認識のさせ方から始め、中学年以降には筆者を意識させ、「A　筆者の発想の推論」にも取り組ませていくようにする。

小学校二年「どうぶつ園のじゅうい」（光村図書・平成二七年度版上巻）

2 事例の共通点・相違点に着目し、筆者を意識して読む

1●「批判的読みの基本的なあり方」（図1）に基づく本教材の特性

(1) 筆者を意識しやすい書きぶり

「わたしは、どうぶつ園ではたらいているじゅういです」で始まる本教材は、獣医である筆者が、動物園獣医としての自身の一日の仕事を紹介する形で書かれている。「わたし」が前面に出ているため、低学年教材には珍しく筆者を意識しやすい。

(2) 四種類の動物に対する仕事の「共通点・相違点」

紹介されている獣医としての仕事は、時間の経過に即して順に手当をする動物（いのしし、にほんざる、ワラビー、ペンギン）ごとに事例として示されている。そのため［3］読み・検討の対象」における「内容面」では、それら事例の「a　内容・特質」や「b　種類」に目を向け、相互に比較しながら読むことが大事である。ここに「d　共通点・相違点」を加味すると、獣医が行った四つの手当てに共通しているよさ、すばらしさや大変さ、難しさのようなものはあるか、という読みができる。

逆に仕事内容は、動物によってどのような違いがあるのか、また扱っている（紹介されている）動物の「b　種類」は、何か特徴があるのか、検討したいところである。二つめのにほんざるの場合は、薬の飲ませ方の苦

労について書かれている。「えさの中にくすりを入れてのませよう」としたり、「くすりをこなしにて、半分に切ったバナナにはさんでわた」したりしてもだめで、「こなをはちみつにまぜ」ることまでしている。一方、最後四つめのペンギンの場合は「ボールペンをのみこんでしまった」という「いのちにかかわるたいへんなこと」に対する手当てである。どちらも大変な仕事ではあるが、その緊急性のようなものはずいぶん違う。

本来なら「A　筆者の発想の推論」を目的として、〔2　読み・検討の観点〕の「①　必要性」を対応させ、「なぜ筆者はこれら四つの動物についての仕事を紹介しているのか」と問うことになる。が、二年生にはこのように直接的には問えない。しかし、右のように動物ごとの手当ての特質を探ることは、「筆者は…」「書いた人は…」と切り出さなくても、結果的に筆者の意図、見方や考え方、すなわち発想を読むことと同じになる。

(3)　仕事の「必要性」

また「①　必要性」にもっと焦点を絞るなら、「〇〇の動物への手当ての紹介は必要か」という読みも可能である。たとえば、三つめのワラビーの例は、平成二三年度版にはなかったものが平成二七年度版で新規挿入されたものである。そうであれば、なぜワラビーの例を紹介しなければならないのか、ということになる。別に紹介しなくても、獣医としての仕事ぶりは伝わっているのではないか、という問いである。もし紹介しなかったら、獣医の仕事を伝えることに何か不都合があるか、という問いでもある。これは〔2　読み・検討の観点〕の「④　十分性・納得性」の観点での読みでもある。

同様に、ワラビーでなくても、たとえばいのししの例を挙げなかったら、獣医としての仕事を知らせるのには不十分になるだろうか、そういう読み方を求めることになる。

(4)　筆者の心情、思いを表すことば

〔3　読み・検討の対象〕における「i　ことば・表現」に着目すると、獣医である筆者の心情、思いを表

すことばがあることにも気がつく。にほんざるへの手当てでは、薬を「やっと、いっしょにのみこんでくれました」と述べている。「やっと」はなくても仕事の中身は伝わる。またペンギンについては、薬を飲ませて飲み込んでしまったボールペンを吐かせると、最後に「ひとあんしんです」の一文を付け加えている。これも、なくても仕事の中身は伝わる。これらの表現が挿入されていることの意味や価値を考えることは、筆者の思いを探ることに通じる。

ここでも〈[2] 読み・検討の観点〉の「① 必要性」を対応させると、「なぜこのようなことばをわざわざ入れているのだろう」ということになる。

さらには、こうした筆者の心情、思いが出ている表現は、他の動物についてはとくにはない。「④ 十分性・納得性」からは「他の動物には何も思いがないのか」と疑いたくもなるが、そんなことはないはずである。

2●目標

○動物園の獣医の仕事について興味をもって読んだり、書き表したりしようとする。（関心・意欲・態度）

○動物による仕事の中身を比較して、その違いや共通点を読み取ることができる。（読むこと）

○担任の先生や家の人になって、一日の仕事を順番に説明して書くことができる。（書くこと）

3●学習指導計画（9時間）

第一次　全文を読んで内容の大体をつかむ。（2時間）

① 題名読みをする。

・獣医ということばの意味を知り、動物園の獣医のどんなことについて書いてあるのか予想する。

・感想を書いて、交流する。

② 文章の大まかなつくりを確かめる。

・一日の出来事（仕事）が書かれてあることや、どんな動物に対する仕事が書かれているか確かめる。

・新出漢字、ことばの意味などを学習する。

第二次 獣医の仕事で大変だと思うところを見つける。（4時間）

・時間経過の順に、獣医の仕事ぶりを読み取る。

第三次 担任の先生や家の人になって、一日の仕事を順序よく書く。（3時間）

① 先生や家の人のある日の一日の仕事ぶりを思い出して、カードに書き出す。

② カードの順番を確かめながら、順序よく書く。

③ 書いた文章を読み合ったり、紹介し合ったりする。

4 ● 授業展開のポイント

(1) 仕事の大変さを見いだす観点から、主体的に本文を読む

本教材は、獣医である筆者が、ある日の自分の仕事について記す形を取っている。読んでみると、獣医の仕事の大変さがよくわかる。もちろん、その仕事の尊さや重要さも読み取れるわけだが、それぞれの動物のそれぞれの症状、様態に即して相当の苦労をしていることが述べられている。

そこで、読み（学習）の課題を「獣医さんの仕事で大変だなあと思うところを見つけよう」のような形で設定し、自力、協同の双方で解決させていくことを考えてみる。「獣医さんはどんな仕事をしているのだろうか」のような課題も悪くない。が、やや漠然と情報を取り出して終わりになる可能性もある。それに比べて前者の

課題は、読み手の価値判断を伴う読みを引き出すことになる。また、なぜそのことを大変だと思うのか、その理由を交流することで、様々な見方、考え方が明らかになる。「批判的読みの基本的なあり方」（図1）の「X文章（ことば、論理）への主体的、積極的な反応」を促すことに、より機能すると考えられる。

「どのように仕事をしているのだろうか」という課題の場合は、両者の課題の中間的な位置付けで授業展開ができるかもしれない。

(2) 獣医は、どの仕事が一番大変だと思っているか推論する

(1)で述べた読みの課題は、読者側の価値判断を直接求めるものであった。それとは別に、「（この）獣医さんは、どの仕事が一番大変だと思っているか」を課題（発問）とすることもできる。本教材では獣医＝筆者という設定であるため、この課題は筆者の発想を推論することに通じる。仕事（事例）相互を比較し、仕事の内容やその書き表され方から、獣医としての筆者の思い、考えを推しはかることで、動物園の獣医の仕事の特質を実感的に読むことができる。

「赤ちゃんとお母さんを怖がらせないことが大事なことだから」「飼育員さんに押さえつけてもらってまで治療をするのは大仕事だから」「命にかかわることだから」など、子どもたちそれぞれの考え方で理由付けがなされるとよい。もちろん「どれも大変な仕事だから、どれが一番なんて決められない」という意見が出てきてもよい。これも理由付けをしっかりさせることで、これらの仕事を取り上げたかった筆者の意図に目を向けることができる。

(3) 「今日の『日記』」を書くことで、筆者の思いを推しはかる

「中」の部分の最後のところには「一日のしごとのおわりには、きょうあったできごとや、どうぶつを見て気がついたことを、日記に書きます」とある。この部分の記述を生かして、第二次の獣医の仕事の大変さをま

とめる学習として「獣医になってこの日記（の一部）を書く」活動を設定することができる。日記の全文を書くことは、負担面からもちろんできない。そこで、たとえば「今日あったことで一番大変だったのは……」という書き出しを条件とすると、量的に制限をかけることができ負担は減る。また先に示した「獣医さんは、どの仕事が一番大変だと思っているか」と連動する形ともなる。

この活動は筆者になって書くことから、筆者の思いを推しはかることになる。「批判的読みの基本的なあり方」（図1）の「A　筆者の発想の推論」を目指す読み方に通じる。

(4) 筆者の心情、思いを表すことば――それがない場合と比較する

1の(4)でも述べたように、本教材には筆者の心情、思いが出ていることばが散見される。それらがある場合とない場合とを比較することで、獣医である筆者が伝えたいことを読み取ることができる。

最もよく表れているのは、最終センテンスである。「これで、ようやく長い一日がおわります」の一文で締め括られている。この文の基本型は「これで一日がおわります」である。「これでも意味は通じるのに、なぜ本文のように書いてあるのだろう」「なぜ（筆者である）獣医さんは、こんなふうに書いたのだろう」と問いかけて考えさせたい。「ようやく」だけを省くパターン、「長い」だけを省くパターンと比較することもできる。

(5) 獣医の思いを吹き出し風に書く

（筆者である）獣医の思いを考えるという点では、文学教材における手立てを使って筆者に同化させ、そのときの心情を吹き出し風にノートに書く（または口頭で言う）こともやってみたい。にほんざるの場合、「こなをはちみつにまぜたら、やっと、いっしょにのみこんでくれました」というところでの吹き出しを書くのである。「ああ、大変だったなあ。にほんざるは、やっぱり賢いなあ。このやり方で次も飲んでくれるのかな」「また新しい作戦を考えないといけないのかな……」のように書くのだろうか。

小学校三年「すがたをかえる大豆」（光村図書・平成二七年度版下巻）

3 事例の内容・特質と述べ方を関連させて読む

1●「批判的読みの基本的なあり方」（図1）に基づく本教材の特性

(1) 事例（おいしく食べる工夫）の「内容・特質」

本教材は「中」の部分で五つの事例（おいしく食べる工夫）を置いている。中学年に多い事例列挙型教材である。「次に」「また」「さらに」「これらのほかに」など、事例を区別して捉えやすい指標表現もはっきりしており、わかりやすい。〔3〕読み・検討の対象〕における「内容面」では、それら事例の「a　内容・特質」や「b　種類」に目を向けて、それぞれの工夫の「d　共通点・相違点」を読み取ることが大事である。「はじめ」の部分に問題提示文はないが、「はじめ」の最後のところに「昔からいろいろ手をくわえて、おいしく食べるくふうをしてきました」とある。これを裏返しに捉えると、「では、どんな工夫をしてきたのだろう」という問いをもって読むことになる。

(2) 事例（おいしく食べる工夫）の順序性

事例（おいしく食べる工夫）それぞれの「a　内容・特質」を見ていくと、「形式面」の「g　順序」にも着目して検討させたい。その際、〔1〕読みの目的・ねらい〕の「A　筆者の発想の推論」の系列である「なぜ筆者は…のだろう?」という観点での読みで取り組ませるようにする。「なぜ筆者は、最初に炒り豆と煮豆から紹介して、きなこ、豆腐……という順番で書いたのだろう」という問いである。学級が筆者ということばに慣れていない場合は「なぜ、この順番に紹介されているのだろう」という問いかけでもよい。

「大豆をその形のまま」で食べる工夫から始めて、「ちがう食品にする」工夫へという変化の順、という考え方もある。時間（手間）のかからないものからかかる順へ、というふうにも見ることもできる。子どもたちらしい、ユニークな順序性を見つけてくることも楽しい。

(3) 事例の「説明の分量」

「f　説明の分量」に着目すると、本教材の「中」の五つの事例の量的バランスはあまりよくはない。二つめの工夫である「こなにひいて食べるくふう」（きなこ）が最も少なく、わずか二行である。一方、三つめの「大豆にふくまれる大切なえいようだけを取り出して、ちがう食品にするくふう」（豆腐）は、同じ一行の長さで六行ある。最も多い四つめの「目に見えない小さな生物の力をかりて、ちがう食品にするくふう」（納豆、味噌、醤油）については、九行半もある。なぜ、このような分量の違いになっているのだろうか（筆者は、なぜこのように分量を変えて書いているのだろうか）。〔2 読み・検討の観点〕の「② 妥当性・適切性」の観点から検討させたい。

粉に挽くという作業自体は、馴染みがないかもしれないが、粉であったり、きなこであったりは、身近でイメージしやすいからという筆者の判断があったのかもしれない。それに比べ、豆腐や味噌、醤油は見た目にも大豆からの変化が大きく、つながりにくい面があることや、作業工程が複雑であるため、相応の説明が必要であるということでもあるだろう。

こうした説明の分量の多少は、筆者の意図によるものである。子どもたち自身が、説明的文章を書く側になった際には、意識しなければならなくなる観点である。読むことを読むことだけにとどめず、書くこと（表現すること）に通じるものとして捉えさせておきたい。

(4) 枝豆やもやしの例の「必要性」「妥当性・適切性」

五つめの工夫は「とり入れる時期や育て方」である。枝豆ともやしの例が示されている。ここまでの四つの工夫は「内容・特質」面から見ると、様々に加工を施す類のものであることが共通していた。その加工の仕方の複雑さが異なるものとして順に例示していると考えることができた。

しかし「とり入れる時期や育て方」は、観点が異なる。なぜ筆者は、最後の工夫として、あえて「これらのほかに」と断った上で書いたのだろうか。書く必要があったか。書いたことは妥当だったか。適切だったか。工夫の観点は違っても、食生活においては身近で外せない枝豆、もやしについては、ぜひ述べておきたかったのかもしれない。「すがたをかえる」ということでの多様さを示すことが必要だと感じたのかもしれない。

(5) 筆者の主張に対して納得するか

筆者の意見、主張について、〔2 読み・検討の観点〕の「④ 十分性・納得性」の観点から検討することを、本教材では行ってもよい。「終わり」の部分の一段落は、次のように書かれている（傍線引用者）。

このように、大豆はいろいろなすがたで食べられています。ほかの作物にくらべて、こんなに多くの食べ方がくふうされてきたのは、大豆が味もよく、畑の肉といわれるくらいたくさんのえいようをふくんでいるからです。そのうえ、やせた土地にも強く、育てやすいことから、多くのちいきで植えられたためでもあります。大豆のよいところに気づき、食事に取り入れてきた昔の人々のちえにおどろかされます。

傍線部の最後の一文は、やや唐突な感じもする。「はじめ」の部分で「昔からいろいろ手をくわえて、おいしく食べるくふうをしてきました」と話題提示はしている。しかし、「ちえ」ということばは、最後になってはじめて登場する。「ちえにおどろかされます」というのも、ちょっと大げさすぎる感じがなきにしもあらずである。「昔の人々は、大豆のよいところに気づき、さまざまな形で食事に取り入れてきたのです」のような締め括り方ではだめだろうか。

これは〈3 読み・検討の対象〉における「世界観」の「k 動機」にかかわる問題である。結局、筆者は何を伝えたくてこの文章を書いたのか。それは、この内容、書き方で十分なされただろうか。

2 ● 目標

○大豆や大豆の加工食品のおいしく食べる工夫について興味をもって読んだり、書き表したりしようとする。（関心・意欲・態度）

○大豆をおいしく食べるための様々な工夫を比較し、それぞれの特徴の違いを読み取ることができる。（読むこと）

○「はじめ―中―終わり」の展開に即して、我が家の大豆の食べ方について書くことができる。（書くこと）

3 ● 学習指導計画（7時間）

第一次 全文を読んで内容の大体をつかむ。（2時間）

① 題名読みをする。

・「大豆」について確認し、どんなことについて書いてあるのか予想する。

・感想を書いて、交流する。

② 文章の大まかなつくりを確かめる。

・「はじめ」の部分の「おいしく食べる工夫」に着目させ、挿絵も使いながらどのような工夫が書かれているのか大まかに確かめる。

・新出漢字、ことばの意味などを学習する。

第二次　どのような「おいしく食べる工夫」なのか見つける。（3時間）

・事例それぞれの工夫について読み取る。

第三次　「わたしの家の大豆の食べ方」について書く。（2時間）

①　本文に出てきた「おいしく食べる工夫」による食べ物、食品のうち、どれが我が家の食卓にはよく登場するかについて、「はじめ―中―終わり」の構成で書く。その食べ物、食品は本文にあった、どういう工夫によるものかも書くようにする。

②　書いた文章を読み合ったり、紹介し合ったりする。

4● 授業展開のポイント

(1)　事例全体を俯瞰しながら、各事例を関係付ける

五つの事例（おいしく食べる工夫）は、それぞれ順次個別に読み取っていくことが基本だろう。しかし、その内容や特質は相互比較してこそ、よりはっきりと認識できる。それぞれの工夫の内容が一通りわかった段階で、一度全部の工夫を見比べて（「比較」の思考を使って）、どういう工夫であるのか、違った角度から見直してみたい。

本文中には「こなにひいて食べるくふう」のように各工夫には名付けがされている。しかし、五つそれぞれ別個の工夫ではなく、「その形のままいったり、にたりして、やわらかくするくふう」と先の「こなにひいて」の二つは素材そのものを味わうための工夫。三つめ、四つめの「ちがう食品にするくふう」（豆腐、納豆・味

噌・醤油）は、素材の違ったよさ、味わいを引き出すような工夫。最後の「とり入れる時期や育て方」の工夫は、両者の中間。このように事例全体を俯瞰して類別し、整理し直して捉えることもできる。

(2) 違った説明順ならどのようになるか（不都合か）考える

本教材では、「形式面」での事例の「g　順序」を検討することで批判的読みが行える。その際、「どういう順序か」「なぜ筆者は、このような順序で書いたのだろうか」と直接的に問うて考えさせることになる。しかし、それではなかなか難しいようであれば、本文とは違った順序で事例（おいしく食べる工夫）が書かれていたらどうか考えさせることも試みてみる。

たとえば、まったく逆の順序で述べられているとだめか。だめだとしたら、それはなぜか。どのように不都合か。具体的に理由を説明させることで、筆者がこのように並べた意図、発想をつかむことができる。場合によっては、「わたしなら五つめの工夫を、二番めの工夫の後にもってきて説明したい。理由は……」というふうに、「B　自分の考え・論理の形成」の読みに導いてもよい。

(3) 最後の一文がある場合とない場合とを比較して、何が違うか考える

最後の一文にある「大豆のよいところに気づき、食事に取り入れてきた昔の人々のちえにおどろかされます」という筆者の主張に納得するか、という批判的読みを展開する場合、この一文がある場合と、なしで終わる場合とで、読んだ感じ、読みの内容がどう変わるか具体的に検討することも取り組みやすい。

もちろん本文のように締め括ってもよい。何が何でも否定してかかろうというのではなく、ある場合とない場合とでは、「はじめ」「中」で論述してきたこととの対応で、論理展開として何がよくて何がよくないかを吟味することが大切である。無理な主張をしていると思うなら、どのようであればよいか考えることになる。

小学校四年「『着るロボット』を作る」（東京書籍・平成二七年度版下巻）

4 事例のあり方（内容や種類、順序）を検討する

1●「批判的読みの基本的なあり方」（図1）に基づく本教材の特性

(1) 事例中心の論述

本教材は「はじめ―中―終わり」が明確である。「はじめ」では、「着るロボット」の中の「マッスルスーツ」と「アクティブ歩行器」についてこれから紹介することを示し、「中」でこの二つの「着るロボット」の内容を述べ、「終わり」では「着るロボット」には心の面でも人を助けたいという願いがあること、「着るロボット」はもっと身近なものになっていくことを主張して締め括っている。「はじめ」が二行、「終わり」が三行。ほとんどが「中」の事例で占められている文章である。したがって、事例を批判的に読むことを中心に授業づくりに取り組むことになる。

(2) 事例の種類

紹介されている事例は「マッスルスーツ」と「アクティブ歩行器」の二つである。〈3 読み・検討の対象〉における「b 種類」を〈2 読み・検討の観点〉の「① 必要性」に照らし合わせると、なぜこの二種類のロボットを筆者は取り上げたのか、ということになる。そのことについての言及は、本文にはない。

一つには、「着るロボット」のよさが発揮されやすいタイプのものを選んだということがあるだろう。重い物

を持ち上げる動きをする、体の動きを助ける、ということは「着るロボット」だからこそなし得る長所である。

もう一つは、介護される人や体の不自由な人など、当事者が自力ではできない動きを、「着る」「身に着ける」という特性を生かすことで可能にするという点がある。肢体不自由の人たちのリハビリ活動をどう支援できるかということは、現代社会が直面している重大な問題である。この二種類の「着るロボット」は、まさしくそこに焦点を当てたものである。

さらには、違ったタイプのロボットを紹介したい、「着るロボット」には可能性が多様に広がっていることをわかってもらいたいという筆者の願いもあるだろう。

(3) 事例の順序

〔3〕読み・検討の対象〕における「形式面」の「g 順序」に着目すると、なぜ先に「マッスルスーツ」で、後に「アクティブ歩行器」か、ということがある。
研究・開発した順、だろうか。「はじめ」で、筆者は「『着るロボット』の研究を進めてきました」と述べている。「人工筋肉《きんにく》の力を借りて、重いものを持ち上げる動きをするロボット」というのは、「着るロボット」の原点、原型であろう。「マッスルスーツ」が研究・開発のスタートで、そこから発展する形で「アクティブ歩行器」に進んでいった。よってその順にしたがって述べた、という理由はどうだろうか。

また、イメージしやすい、わかりやすい順、ということもあり得る。「マッスルスーツ」は原型であるため「着るロボット」とつながりやすい。それに比べて、「アクティブ歩行器」は、これもロボット、しかも「着る」タイプの、と言われても意外な感じに思う読者も多いのではないか。

さらには、実用化が進んでいる順、もある。これは一つめの「研究・開発した順」とも関連する。「マッスルスーツ」のほうは、第三段落で「工場や倉庫で働く人」や「病気やけがで体を動かせなくなった人」「介護《かいご》する施設《しせつ》で働く人」への活用実態が述べられている。社会に着実に浸透しつつあることが読み取れる。一方の「アクティブ歩行器」は「しばらくの間は研究室での研究でしたが」と書いてあり、また特定の個別の二例を示しているように読める。実用化のレベルは「マッスルスーツ」が高いと言えそうである。

主張したかったことを後に（最後に）もってきて、印象を強くしたかった、ということだろうか。「終わり」の部分で筆者は「このように、『着るロボット』には、自分の体を自分で動かしたいという人の気持ちにこたえたい、心の面でも人を助けたいという願いがあるのです」と述べている。単に重い物を持ち上げるための手助けをすることにとどまらないものとして、筆者は「着るロボット」を捉えている。「マッスルスーツ」について説明する第四段落でも、筆者は「ねたきりのお年寄りなど動けない人が、自分で動けるようになるための手助けができないかと考えています」と意見表明している。

「自分の体を自分で動かしたい」という切なる願いをかなえることが「着るロボット」の未来。これが筆者の「世界観」としての本文章を書いた「k　動機」であり「l　見方・考え方」であろう。

(4) 事例の内容の違い

「アクティブ歩行器」の事例の場合、その中にもさらに細分化した二つの事例が示されている。一つは「体の不自由なお子さん」の例、もう一つは「下半身のまひでベッドから動けなかった人」の例である。なぜこの二つを出す「①　必要性」（②　読み・検討の観点）があるのか、である。症状の違い、重度の違いはある。「二日間訓練」で「歩けるようになった」こと、「使い始めてから二年半後には、三キロのマラソンを完走することもできた」こと、それぞれのリハビリ期間や成果の違いもある。この二つを例示することで、どのような効果があると筆者は考えたのか。また読者としては、どう感じるだろうか。

2 目標

○「着るロボット」について興味をもって読んだり、書き表したりしようとする。（関心・意欲・態度）
○「着るロボット」としての特徴を理解し、心の面でも人を助けたいとする筆者の願いを読み取ることができる。（読むこと）
○「はじめ―中―終わり」の展開に即して、自分で考えた「着るロボット」の説明を書くことができる。（書くこと）

3 学習指導計画（7時間）

第一次　全文を読んで内容の大体をつかむ。（2時間）
①　題名読みをする。
・どんなことについて書いてあるのか予想する。
・感想を書いて、交流する。
②　文章の大まかなつくりを確かめる。
・「はじめ―中―終わり」の展開に即して、どのような内容が書かれているのか大まかに確かめる。
・新出漢字、ことばの意味などを学習する。

第二次　「着るロボット」としての「マッスルスーツ」「アクティブ歩行器」とはどんなものか読み取る。（3時間）
・それぞれのロボットの構造、つくりと使い方、活用の仕方を読み取る。

第三次　「あったらいいな、こんな『着るロボット』」を考え、「はじめ―中―終わり」の展開で書く。（2時間）

① 内容は想像したものであってもよい。思いつきにくい場合は、本文のロボットの改善版として書いてもよい。必要に応じて調べ学習の時間を取る。

② 書いた文章を読み合ったり、紹介し合ったりする。

4 ● 授業展開のポイント

(1) 筆者の主張についての自分の考えをもつ

本教材では、筆者の願い、考えが「終わり」の部分（最終段落）にはっきりと書かれている。「『着るロボット』には、自分の体を自分で動かしたいという人の気持ちにこたえたい、心の面でも人を助けたいという願いがあるのです」と述べる筆者の思いについて、子どもたちの考えを交流したり、書きまとめたりさせたい。

そのためには、「心の面でも人を助ける」とはどういうことを指しているのか、本文で述べられていることとつないで捉えさせるようにする。「自分の体を自分で動かしたいという人」にはどのような人が他にいるか思い当たれば広がりが出るが、そうでなくても、本文にある「ねたきりのお年寄りなど動けない人」は、どういう状況で、どのような動きができにくいのか、具体的、実感的にイメージすることが必要である。

それは同様に、最後の一文にある「そんな『着るロボット』は、この先、もっと身近なものになっていくことでしょう」の「身近なものに」なるとはどのようなことか想像し、考えることにもなる。仕事を便利に効率的に、負担軽く行うためのみならず、人が人として豊かに生きていくための「着るロボット」のあり方、さらにはそうしたロボットが必要であり活躍する社会のありようについて、少しでも思いを巡らせる機会にしたい。

(2) 「アクティブ歩行器」の二つの実用例の共通点・相違点を話し合う

1のところでも取り上げたように、「アクティブ歩行器」の説明には「体の不自由なお子さん」の例と、「下半身のまひでベッドから動けなかった人」の例の二つが示されている。なぜ筆者はこの二つを出しているのか検討することは、批判的に読むことになる。その際、二つの共通点は何か、相違点は何か考えさせたい。「体の不自由な人の歩行を助けるために開発したロボット」の紹介であれば、どちらか一つでもよい。もちろん二つあると詳しくはなるだろう。しかし、どちらか一つだけなら何が不都合なのだろうか。

こうした問いに答えるためには、二つの事例は何が同じで何が違うのか、理解する必要がある。そこに筆者の願いや発想がある。二つを比較して相違点を列挙していく方法もあるだろう。子どもと大人、不自由だが体を動かせる場合と下半身麻痺でベッドから動けない場合、二日間という即効性と長期間での効果等々。これらを並べてみると、「アクティブ歩行器」が様々なタイプの肢体不自由の人たちに対応できる可能性をもった、有望な「着るロボット」であることが具体的にわかる。一つだけでは、こうした多様性、広がりは理解しにくい。そして、どちらも自力歩行に向かわせるものであり、使う人を幸せにするもの、人として豊かに生きていくことを手助けするものであるという共通性にも目が向くだろう。

(3) 題名を作り替える

筆者の願いや主張について考えを深めると、題名の「『着るロボット』を作る」というのは、少々曖昧、一般的な感じがする。もう少し内容をはっきりと示したものに直してみることはできないか。どのように表現することができるか。こうしたことを考え、話し合うことそのものが、文章全体を読み直し、筆者の主張を捉え直すことに通じる。

「進化する『着るロボット』」「人の心を支える『着るロボット』」などを考えてはみるが、子どもたちのほうがもっと的確な題名を付けるだろう。なぜそのような題名に替えたいのか、理由付けを丁寧に書かせたり交流させたりすることは必須である。

小学校五年　「天気を予想する」（光村図書・平成二七年度版）

5 論の展開と非連続型テキストのあり方を検討する

1●「批判的読みの基本的なあり方」（図1）に基づく本教材の特性

(1) 順次問いを出し、解決していく論の展開

〈3　読み・検討の対象〉における「h　論の展開」に目を向けると、本教材は文章全体を統括するような大きな問題が序論部で提示されているのではなく、天気を予想することについての説明をするための、いわば小さな問いを順次提示し、それらの答えを示しながら論を展開している形となっている。「的中率は、どうして高くなったのでしょうか」→「では、さらに科学技術が進歩し、国際的な協力が進めば、天気予報は百パーセント的中するようになるのでしょうか」→「それでは、突発的・局地的な天気の変化を予想するために、できることはないのでしょうか」という流れである。

こうした論の展開のあり方を〈2　読み・検討の観点〉の「②　妥当性・適切性」という観点から見たときに、「なぜ筆者は、このような展開をとったのだろう」（「A　筆者の発想の推論」）と考えたり、「わたしは、わかりやすいと思う。なぜなら……」（「B　自分の考え・論理の形成」）と考えたりすることで検討させたい。

(2) 図表や写真の価値、有効性

本教材には、多くの非連続型テキスト（写真、図表、グラフ）が掲載されている。〈3　読み・検討の対象〉

における「形式面」での検討の対象である「j　図表・絵・写真等」に即して、その「① 必要性」や「② 妥当性・適切性」「④ 十分性・納得性」（〔2〕読み・検討の観点〕）などを観点とした読みを展開する。

基本は、本文と連続型テキストとを対応させて、そのあり方を検討することである。たとえば、冒頭には「アメダスの観測装置」と「気象レーダー」の二枚の写真が掲載されている。これらの写真は、本文の内容を理解するためにふさわしいか、適切かと考えるのである。

「アメダスの観測装置」についての本文は「二〇一二年現在、日本では、約千三百か所にアメダスの観測装《そう》置が設けられ、その地点の降水量を常時測定しています。このうち約八百四十か所では、気温・風向・風速なども観測します」となっている。写真にはこれに対応して「風向／風速計」「温度計」「雨量計」のことばが白枠付きで挿入されている。読者としてはイメージがわきやすい。ただし、この白枠付き文字は平成二三年度版の写真にはなかった。前回版の写真と比較させ、なぜこのような変化に至ったのか、学習者自身に説明させたい。

同様な改変は、二つめの問い〈天気予報は百パーセント的中するようになるのか〉に対する説明のために掲載されている「1時間に50ミリメートル以上の雨が観測された回数」の棒グラフにも認められる。キャプションの文言も変わっている（「降水量」が削除されたり「発生回数」が「観測された回数」になったりなど）。

また二つめの問いに対する説明部分では、写真が一枚新規挿入された。「山をはさんで、向こう側とこちら側で天気がちがう様子（筆者撮影《さつえい》）」とするキャプションが付いている写真である。該当する本文は「そのため、風や雲の動きが複雑で、山を一つこえただけで天気がことなることが、しばしばあります」というものである。

なぜ筆者は新規挿入したか（「A　筆者の発想の推論」）、それは適切だと思うか（「B　自分の考え・論理の形成」）。これらを説明することは、楽しい批判的読みとなる。新旧二つの非連続型テキストを比較することで、その適切性や十分性は理解しやすくなる。

(3) 曖昧な表現

〔3 読み・検討の対象〕における「形式面」の「i ことば・表現」について、〔2 読み・検討の観点〕の「⑤ 曖昧性」から見てみると、気になる表現がある。

たとえば三つめの問い〈突発的・局地的な天気の変化を予想するために、できることはないのか〉に対する答えの論述部分で、筆者は「天気に関することわざが有効な場合もあります」（傍線引用者、以下同じ）と述べている。また後続部分では「（天気のことわざは、の意――引用者注）長い間の人々の経験が積み重なってできたもので、なかには、科学的に説明できるものや当たる確率の高いものもあり、……」とある。筆者はなぜ、このような曖昧な、自信のないようなものを持ち出してくるのだろうか。専門家である気象予報士としては、ちょっといい加減ではないか。

このように考えたり問うたりすることで、筆者の「世界観」としての、この文章を書いた「k 動機」や天気を予想するということに対する「l 見方・考え方」を検討することにつながる。

2 ● 目標

○天気の予想の仕方について興味をもって読んだり、書き表したりしようとする。（関心・意欲・態度）
○図表や写真と本文とをつなげながら、天気の予想の仕方やその難しさについて読み取ることができる。（読むこと）
○問いを順番に出し、それらを解決しながら論述する展開に即して、「わたしの天気の予想の仕方」を書くことができる。（書くこと）

3●学習指導計画（7時間）

第一次　全文を読んで内容の大体をつかむ。（2時間）

①　題名読みをする。

・どんなことについて書いてあるのか予想する。

・感想を書いて、交流する。

②　文章の大まかなつくりを確かめる。

・三つの問いに着目し、どのような内容が書かれているのか大まかに確かめる。

・新出漢字、ことばの意味などを学習する。

第二次　天気の予想の仕方や、その難しさについて読み取る。（3時間）

・三つの問いに即して、その答えを読み取る。

第三次　「わたしの天気の予想の仕方」について書く。（2時間）

①　本文に出てきた事柄（天気予報、空を見たり風を感じたりすること、天気のことわざ）を生かして、自分はどのようにして天気を予想しているかについて（二つか三つの問いを立て、それらに対する答えを示しながら）書く。

②　書いた文章を読み合ったり、紹介し合ったりする。

4●授業展開のポイント

(1)　筆者の主張、考え方に対する自分の考えをもつ筆者は結論部の最終段落で、「『今、ここ』で天気の変化を予想し、次の行動を判断するのは、それぞれの場所にいる一人一人」なのであり、「科学的な天気予報を一つの有効な情報として活用しながら、自分でも天気に関する知識をもち、自分で空を見、風を感じることを大切にしたいもの」だと述べている。

こうした主張をする筆者の考えを推論させる。なぜこのように言うのだろうか。本文の内容を引き合いに出して、理由を説明させたい。また、読み手である子どもたち自身は、この主張に対してどのような考え、意見をもつか、またそれはなぜか。記述させたり、話し合わせたりして、批判的読みを行うようにする。

(2) 序論部を作る

本教材は、1でも述べたように、文章全体を統括する大きな問いはない。冒頭の段落からいきなり一つめの問いが設定される。結果、序論に当たる段落がない文章になっている。そこで、序論部を自分で作ってみる学習活動が考えられる。

序論部を書き足すとなれば、本論部や結論部と対応した内容でなければならない。必然的に読み直し、内容を再度精査する必要が生じる。これは、〔3 読み・検討の対象〕における「形式面」の「h 論の展開」について〔2 読み・検討の観点〕の「③ 整合性」の観点から批判的に読むことになる。

シンプルな形であれば「天気を確かに予想することはできるのでしょうか」のようであってもよい。五年生の読者を意識して「翌日、外での遊びを計画するかどうか迷っているときに天気を予想できれば助かります。天気を予想するときに気をつけることは何でしょうか」のようなものも考えられる。

その際、これまでの説明的文章の序論部はどのような書き方であったか、既習教材を持ち出し、照らし合わせて検討することも価値ある学習となる。

(3) 図表を追加（削除）する

本教材にはかなりの非連続型テキストが掲載されている。文章と非連続型テキストとをつなげて読む力、非連続型テキストそのものを読解する力の育成をねらって配されているものである。限られた紙幅の中で可能な範囲での必要性、適切性を踏まえて載せられている。

そこで、本来ならもっと掲載したかったはずだが、やむなく現状の点数になったと考え、もう一点増やすとしたら、どこに、どのような内容の、どのような非連続型テキスト（写真か、図表か）を載せるかを検討する学習活動を設定してみる。その際、大事なことは理由付けである。なぜ、その箇所に必要なのか。なぜ写真ではなく図なのか。理由となる根拠を本文に求めながら、個人で、グループで、学級全体で吟味・検討し、話し合うようにする。

たとえば、一つめの問い〈的中率は、どうして高くなったか〉に対する説明の中に、「これらの観測で得た情報は、気象庁のスーパーコンピュータに送られ、そこで、何種類もの予想図が作成されます」という一文がある。このスーパーコンピュータの写真は載っていないので、これを追加するのはどうか。他の設備や施設の写真はあるのに、これだけがないのはおかしい。こう切り出す子（や教師）がいたら、他の子どもたちはどう言うだろうか。「貴重な追加の一枚。テレビでも見るし、だいたい想像がつく箱のような機械の写真は要らない」といった答えが出るのかもしれない。文章全体を意識しての、こうした議論が大切である。

追加とは逆に、現状のものから一点削除するとしたら、という学習も想定できる。根拠と理由付けが必要なのは同じである。

また、このような検討作業の前提としては、なぜ筆者はここに、このような写真や図表を入れたのか、筆者の意図や発想を推論する読みがある。できれば筆者の発想と自分の考えを行き来しつつ、検討できればよい。

小学校六年　「『鳥獣戯画』を読む」（光村図書・平成二七年度版）

6　文体の特徴を捉えて検討する

1●「批判的読みの基本的なあり方」（図1）に基づく本教材の特性

(1)　文体的な特徴

本教材は、一般的な説明的文章とは違った文体的特徴を有している。まず、筆者の存在を前面に出すように、読者に向かって呼びかけている表現が多い。「ためしに、ぱっとページをめくってごらん」「どうだい。蛙が兎を投げ飛ばしたように動いて見えただろう。アニメの原理と同じだね」などである。

次に、右の特徴と重なる面はあるが、短文をたたみかけるようにつないでいることが挙げられる。第六段落では、以下のような調子である。「もんどりうって転がった兎の、背中や右足の線。勢いがあって、絵が止まっていない。動きがある。しかも、投げられたのに目も口も笑っている。それがはっきりとわかる。（後略）」。また、併せて体言止めを多用している。こうした書きぶりが、文章にリズムを出している。

さらには、筆者自身の感情、価値観を直接的に表現している部分もある。「その名はなんと」「実にすばらしい」「なんとすてきでおどろくべきことだろう」などである。

このような文体的な特徴を、どのように評価するかである。読者の立場から読んだときに、わかりやすいか、読みたくなるか、という観点で検討する。一つ、二つの表現だけで判断するのではなく、複数の表現のありようを比べたりつなげたりして、文章全体としての評価を行うようにしたい。「批判的読みの基本的なあり方」〔図1〕の〔3 読み・検討の対象〕における「形式面」の「i ことば・表現」について、〔2 読み・検討の観点〕の「② 妥当性・適切性」の観点での検討ということになる。

(2) 序論部の書き表され方

文体的特徴とも関係するが、序論部のあり方についても考えたい。冒頭の段落から以下のように始まる。「はっけよい、のこった。秋草の咲《さ》き乱れる野で、蛙《かえる》と兎《うさぎ》が相撲《すもう》をとっている。(中略)この反則技に、たまらず兎は顔をそむけ、ひるんだところを蛙が――」。文学的な描写表現である。

こうした描写は第二段落も続き、第三段落でこの絵が『鳥獣戯画』と呼ばれるものであり、漫画の祖と呼ばれていることが説明される。さらに第四段落では、アニメの祖でもあることが述べられ「実際に絵巻物を手にして、右から左へと巻きながら見ていけば、取っ組み合っていた蛙が兎を投げ飛ばしたように感じられる」と締め括られる。次の第五段落から具体的な絵の特徴の説明に入っており、本論部としての展開が始まると考えると、冒頭から四段落、一部に挿絵があるが約三頁の序論部ということになる。

描写的で、ずいぶんと長い序論部を、〔3 読み・検討の対象〕の「形式面」の「i ことば・表現」や「f 説明の分量」の面で〔2 読み・検討の観点〕の「① 必要性」「② 妥当性・適切性」について検討する。

(3) 結論部のあり方

結論部をどの部分と捉えるかの議論を学習活動とすることもできる。第八段落では「この絵巻がつくられたのは、今から八百五十年ほど前、平安《へいあん》時代の終わり、平家《へいけ》が天下を取ろうとしていたころだ」で始まり、「十二世紀から今日まで、言葉だけでなく絵の力を使って物語を語るものが、とぎれることなく続いているのは、日本文化の大きな特色なのだ」で終わる。日本文化の観点から『鳥獣戯画』の意味付けをしている。

続く最終第九段落でも「十二世紀という大昔に」「なんとすてきでおどろくべきことだろう」「世界を見渡《わた》しても、そのころの絵で、これほど自由闊《かっ》達なものはどこにも見つかっていない」のように述べ、「『鳥獣戯画』は、だから、国宝であるだけでなく、人類の宝なのだ」を最終の一文としている。本段落も『鳥獣戯画』の価値付けを行っているが、こちらは世界的視野、規模での評価をしていることになる。

第八段落を本論部のまとめとして、最終第九段落のみを結論部とする考えが妥当かとは考えられる。日本にとどまらず世界的にも貴重なのだという主張で捉えるのである。しかし、これら二つの段落を合わせて結論部とする考え方もあるだろう。〔3 読み・検討の対象〕の「内容面」の「a 内容・特質」や「d 共通点・相違点」「e 答え・主張・意見」の面から〔2 読み・検討の観点〕の「② 妥当性・適切性」の観点で検討すると、どのように捉えるとよいか、である。教師が一方的に結論付けるのではなく、子どもたちが理由付けをする中で、筆者の論の展開や主張、発想のありようへ考えが及ぶように導くことが大切である。

2 ● 目標

○『鳥獣戯画』や日本文化としての絵巻物について興味をもって読んだり、書き表したりしようとする。（関心・意欲・態度）

○漫画やアニメの祖と言われる『鳥獣戯画』の特徴や、『鳥獣戯画』に対する筆者の思い、主張を読み取ることができる。（読むこと）

○「序論―本論―結論」の展開に即して、他の絵巻物についての解説を書くことができる。（書くこと）

3 ● 学習指導計画（8時間）

第一次　全文を読んで内容の大体をつかむ。（2時間）

① 題名読みをする。

・どんなことについて書いてあるのか予想する。

・感想を書いて、交流する。

② 文章の大まかなつくりを確かめる。

・「序論―本論―結論」の展開に即して、内容を大まかに確かめる。

・新出漢字、ことばの意味などを学習する。

第二次　『鳥獣戯画』の特徴や、『鳥獣戯画』に対する筆者の思い、主張を読み取る。（3時間）

・序論部、本論部、結論部に即して読みを交流する。

第三次　本文の後に掲載されている絵巻物の解説を「序論―本論―結論」の展開で書く。（3時間）

①・② 絵巻物の絵に、本文にあった『鳥獣戯画』の特徴のどれがよく表れているか見つけて、本論部で解説する。

③ 書いた文章を読み合ったり、紹介し合ったりする。

4 ● 授業展開のポイント

(1) 既習の説明的文章教材の書きぶりと比較する

序論部のあり方を検討する際、これまでに学んだ説明的文章の冒頭部分、序論部の表現と比較してみることも取り入れてみる。本教材だけを見ていてもわからなかった、その際立った文体的な特徴、序論部のあり方は、他の文章と比較することで明確になる。あまりに多くのものとの比較は混乱するかもしれないが、二、三教材分くらいは見比べさせたい。読み終えた教材を、視点を変えて読み直すという意味でも価値がある。

(2) 最終段落の筆者の主張、表現のあり方を検討する

最終段落の最後の一文で、筆者は「『鳥獣戯画』は、だから、国宝であるだけでなく、人類の宝なのだ」と述べている。吉川芳則（二〇一二）でも、「国宝」はわかるが「人類の宝」とは大げさではないかと指摘した（吉川芳則編著『クリティカルな読解力が身につく！ 説明文の論理活用ワーク 高学年編』明治図書）。

もちろん筆者は「世界を見渡《わた》しても、そのころの絵で、これほど自由闊《かっ》達なものはどこにも見つかっていない」とは述べている。それにしても少し言い過ぎていないかと感じる読者はいないだろうか。「人類の宝」とはどういうことか。なぜ、そのように言うのか。「世界の宝」や「漫画やアニメーションの宝」ではだめか。

〔2 読み・検討の観点〕の「② 妥当性・適切性」の観点から検討することがあってよい。表現のあり方の検討もさることながら、こう表現する筆者の意図や発想について考える学習としたい。

(3) 挿絵と本文を対応させて説明する

本論部では『鳥獣戯画』の特徴を説明している。線の描き方と、時間の流れの表現の仕方の二つである。これらの説明のそばには、『鳥獣戯画』の中の該当場面の絵が掲載されている。本文の説明内容が挿絵のどの部分のことを指しているのか、指摘した上で、本当にそのようであるか説明させてみる。

たとえば「いったいこれはなんだろう。けむりかな、それとも息かな。ポーズだけでなく、目と口の描き方で、蛙の絵には、投げ飛ばしたとたんの激しい気合いがこもっていることがわかるね」とあるが、それは絵のどの箇所のことを言っているのか、ということである。また実際、絵ではそのように描かれているのかをチェ

ックして、自分のことばで説明させる。

時間の流れの表現の仕方の特徴についても「一枚の絵だからといって、ある一瞬《しゅん》をとらえているのではなく、次々と時間が流れていることがわかるだろう」と述べられている。それはそばにある絵のどういうところのことを指してそのように言えるのだろうか、絵をもとにして具体的に説明させるのである。

こうした絵と対応させての本文表現の説明を丁寧にしておく学習が、第三次で他の絵巻物についての解説を書く際に生きて働くことになる。

(4) 現代の漫画、アニメの特徴と比較する

発展的な学習として、『鳥獣戯画』の絵と現代の漫画やアニメの絵、画像と比較して、共通しているところ、進化しているところ、場合によっては『鳥獣戯画』のほうが味わい深いところなどを見つけて、解説する学習が考えられる。『鳥獣戯画』の絵は教科書掲載のものをそのまま使ってもよいし、別の場面の絵を持ち込んでもよい。解説にイラストを付けて、具体的に解説するタイプにすることもできる。

本論に述べられていた特徴（共通点）については必ず触れ、現代版のほうが進化しているところや、現代版にしか見られないところはオプションにするという方法もある。本文を再度読み直し確認すること、楽しみながら表現することを大事にする。

(5) 動詞部分を変えて、題名を検討する

題名は「『鳥獣戯画』を読む」である。この題名は本文にぴったりのよい題名かどうか検討する。「読む」の部分を「見る」「味わう」「楽しむ」のように変えてみたものと比較して、この題名のよさ、不十分さについて、子どもたちの様々な意見が出されるとよい。「漫画、アニメの祖『鳥獣戯画』」のようなタイプのものではいけないかという課題もありうる。

中学校一年「ニュースの見方を考えよう」（東京書籍・平成二八年度版）

7 筆者の主張に対する自分の考えをもつ読み

1●「批判的読みの基本的なあり方」（図1）に基づく本教材の特性

(1) 序論部の分量

本教材は、一応「序論―本論―結論」の構成を取ってはいる。序論部ではニュース報道の例や、テレビ局の記者でもあった筆者自身の経験を述べて、ニュースは編集されていることをひとまずの結論として出している。本論部ではその編集の例を四例（取り上げるニュースは制作者が決めている、ある出来事のどのような面に着目してニュースを作るかも制作者が決める、ニュースの内容は加工されている、ニュースも演出されている）挙げている。そして結論部では、ニュースは制作者の意図やねらいに基づいて編集されたものだということを踏まえた上で、ニュースの受け手にとどまらずニュースを自分なりに判断していく主体となることの重要性を主張している。

しかし、形式面ではバランスが必ずしもよいとは言えない。「批判的読みの基本的なあり方」（図1）の〔3〕読み・検討の対象〕における「形式面」の「f　説明の分量」から見ると、序論部が長すぎる感は否めない。全編で四頁強あるうちの約二頁分に相当する。「内容面」の「a　内容・特質」の点からは、街頭インタビューにまつわる編集作業の例や、筆者自身のテレビ記者としての街頭インタビューの経験例を示して、ニュースは編集されているという序論部における主張に説得力をもたせていることはわかる。それにしても長すぎないか。たとえば、右に示したような具体例は省いて、序論部の最終段落から本文を始めても十分論は展開する。序論部の最終段落では、次のことが結論的に述べられている。

・ニュースというのは客観的なものと考えられがちだが、取材やニュースとしての伝え方は番組制作者の考え方で決まっていること。

・すなわちニュースというのは編集されたものであるということ。

つまり、頭括型または双括型文章の序論部のあり方としての体裁は整っているのである。この段落から本文を始めるのと、実際に教科書にあるような相当量の具体例が二つ示されるのと、文章全体のバランスや序論としての機能という面からどちらが好ましいか。また筆者はなぜこのような書きぶりを取ったのか。比較検討させるとよい。

(2) 文章の構成や内容の捉え直し

また、見方を変えると、序論部だけでもひとまとまりの文章になっており、結論部の内容としても整っている。先に述べたように、二つの具体例も出ているのである。ここまでをテクストとしても十分読める（〔3〕読み・検討の対象）における「形式面」の「h 論の展開」、〔2〕読み・検討の観点）の「① 必要性」「④ 十分性・納得性」）。

このように考える場合と、教科書どおりに最後までをテクストとする場合と、何が、どのように違うだろうか。この議論は、文章を全体的に捉え直し、内容や構成のあり方を再吟味することになる。

(3) 「自分の考え・論理の形成」を中心に

説明的文章の批判的読みとしては、「批判的読みの基本的なあり方」（図1）の〔1〕読みの目的・ねらい）

に示した「A　筆者の発想の推論」と「B　自分の考え・論理の形成」の二系列があると考えている。どちらの系列の読み方も、可能な範囲で授業には取り入れていきたいが、本教材の場合は、ニュースの編集の仕方にしても、ニュースの見方にしても、筆者が直接的に読者に明確に伝える形になっている。したがって、筆者の発想を推論することを丁寧に行わなくても、筆者が伝えようとしている内容や、筆者の表現の仕方について、読み手としての考えをもつことを中心にするのがよいと思われる。

たとえば、編集例の一つめ「取り上げるニュースは制作者が決めている」ことの説明のために、筆者はサッカーのワールドカップのニュースが、パレスチナ等の紛争で大勢の人が命を落としたニュースよりも多く報道されたことを例に出している。この場合も「なぜ筆者は、サッカーのワールドカップの例を持ち出してきたのだろう」と推論することは置いておき、こうした例の挙げ方でよく理解できたかどうか検討できればよしとする、ということである。

2●授業展開のポイント

(1)　具体例と主張の対応

ニュースの編集のあり方は本論部にある四つが挙げられている。右に述べたように、これらはすべて具体例を示して編集のあり方を述べる、という書き方で統一している。批判的に読む場合、これらの四つのセットの仕方の中で、一番整合性があり、「なるほど」と納得できるものはどれか検討する学習活動が考えられる。

ニュースは客観的なものだと思っていた読者にとって、制作者の意志決定によるものだとか、内容が加工されている、演出されてもいるということは驚きであり、新鮮であろう。そうしたニュースの捉え方を最も素直に納得できるような例の示し方をしているものはどれか。そういう意識で読んでみるのである。

(2) 生活体験とつないで読む

編集例として示されているものは、本教材を読むまでは気づかなかったことであっても、実際の日常生活の中で確かめたり、実感できたりするものである。「② 妥当性・適切性」や「④ 十分性・納得性」の観点から、経験を引き合いに出して説明させたい。

たとえば四つめの「ニュースも演出されている」ことの例として述べられている「ニュースの冒頭《ぼうとう》に、ショッキングな映像が出てきたり、かわいい動物の姿が紹介されたり、『行列のできるラーメン店』の特集が行われたり」ということは、見たことがある生徒がいるのではないか。思い出してみて、それはやはり演出だったかどうか伝え合えると実感的な読みになる。「今日以降のニュースで是非確かめてみよう」ということでもよい。

(3) 筆者の主張の何に具体的に取り組むか

結論部で筆者は、読者に行ってほしいことを様々に伝えている。統括メッセージはニュースを自分なりに判断していくことである。そのための具体項目をいろいろ示している。それらを列挙して捉えた上で、どれをまず実践してみるか問い、自己決定させる。

ニュースに接する際に筆者が願っていることは、以下の四つである。①ニュースの内容を鵜呑みにせず、配信の順などの意図を探り、表現のあり方を吟味する習慣、態度を身に付けること、②ニュース番組の出演者の発言に疑問を持つこと、③出演者になり代わって考えること、④同じニュースについて他のメディアでの伝えられ方について調べること。

これらを、本文からノートに箇条書きで転記し、まずどれに気をつけてニュースを見ることにするか、理由と共に決めるのである。これらは、まさしく批判的にニュースを読む、ということに他ならない。

中学校二年「モアイは語る——地球の未来」（光村図書・平成二八年度版）

8 ことば、写真、図表等の使い方を吟味する

1●「批判的読みの基本的なあり方」（図1）に基づく本教材の特性

(1) 小さな問いをつなぐ論の展開

本教材は、複数の問い〈絶海の孤島の巨像を作ったのは誰か〉〈数十トンもあるモアイをどのようにして運んだか〉〈モアイを作った文明はどうなったか〉を順次出して、それらに答える形で論を展開しているのが特徴である。そして、それらの問いを序論部で予め提示しておき、本論部で再度示しながら書き進めている。

こうした論の運び方をなぜ筆者はしたのか、それは読者にとってわかりやすいものとなっているのか検討することが批判的読みの学習の一つとなる。〔3 読み・検討の対象〕における「形式面」の「h 論の展開」について、〔2 読み・検討の観点〕の「④ 十分性・納得性」の観点から読む、ということになる。

問題文の順次提示型の展開は、疑問を次々解き明かしていくような読み方ができ、読者は興味を引かれるだろう。本教材のように、モアイ像という謎めいた不思議な遺産について説明していく際には効果的な一つの展開方法である。生徒たちはどう評価するか。

(2) 写真の多用

同じく〔3 読み・検討の対象〕における「形式面」では、「j 図表・絵・写真等」にも特徴がある。本

教材では脚注部分も含めて、表やグラフはなく、写真が五点、絵が二点、図が一点の計八点が掲載されている。写真の多さが際立っているが、その中でもモアイ像そのものを写しているものが三点ある。これらの写真の使い方について、〔2 読み・検討の観点〕の「① 必要性」「② 妥当性・適切性」に基づいてチェックすることができる。

たとえば、冒頭序論部の見開き二頁には「イースター島のモアイ」「海を背にして立つモアイ」の二点の写真が、「高さ20メートルのモアイ」の図（人間の大きさと対比したもの）と並べて置かれている。それも結構広いスペースを使って、大きく掲載しているのである。この二点の写真を同時に冒頭に載せることの意味は何か。必要、適切だろうか。

もちろん、たくさんあったほうがわかりやすいだろう。視覚的なインパクト、読み始めから読者の心をつかむという効果は期待できるし、そういう肯定的な批判があってよい。しかし「イースター島のモアイ」はとくになくても、「海を背にして立つモアイ」の写真と「高さ20メートルのモアイ」の図があれば情報としては十分であるとも言える。

(3) 読者に切実感をもたせることば・表現

筆者は、イースター島がたどった運命は地球にも当てはまるものとして捉え、訴えている。そうした切実な思いは、ことばの端々に感じ取ることができる。とりわけ結論部には厳しい表現が続く。「森林資源が枯渇《こかつ》し」「その森を破壊し尽くしたとき」「飢餓地獄」「人類の生き延びる道」などである。これらを普通の表現と比較してみるとどうか。「森林がなくなり」「その森を破壊したとき」「飢餓の苦しみ」「人類が生き続ける道」ということばを使った場合と、どう違うか。筆者の発想を推論したり、読者の立場でどのように感じるか、議論させたりしたいところである。〔3 読み・検討の対象〕における「形式面」の「i ことば・表現」を〔2

読み・検討の観点」の「② 妥当性・適切性」「④ 十分性・納得性」から批判的に読むということになる。

2● 授業展開のポイント

(1) 写真や図表の増減を考える

写真や図表、絵などの非連続型テキストは、本文（連続型テキスト）と合わせて、より確かで豊かな読みをもたらす機能をもつ。相乗効果、相互補完の役目である。筆者は筆者なりに考えて、今ある教材のように図表等を配置している。そうした意図を推しはかった上で、それでもこの写真は必要ないとか、もっとこういう図表があれば、ずいぶん読みの手助けになるのにとか、そういう構えでの捉えも批判的読みを促す。

まず現状から削減する方向での読みである。1の(2)で冒頭部の写真のあり方について述べた。五点のうちモアイ像についてのもの以外の二点は、本論部にある「ヤシの花粉の顕微鏡《けんびきょう》写真」と、本文の脚注にあるボーリング調査の様子の写真である。このうち前者の「ヤシの花粉の顕微鏡《けんびきょう》写真」はとくに必要ないように思うが、どうか。「これがヤシの花粉か」「こういう微細なものの発見によって謎が解明されたのか」という知識獲得レベルでの効用はある。しかし、花粉がどのようなものかがわかったところで、本文にある「モアイが作られた時代、モアイの運搬に必要な木材は存在したのだろうか」という問いに対する答え、説明には重大な意味、価値はない。あっても悪くはない。が、なくてもとくに不都合ではない。むしろ他の写真、図表等にその分のスペースを提供するほうが理にかなっている場合もある。

逆に付加、増加する方向の読みである。写真に比べ、図表は一点（イースター島の地図。石切場のラノ・ララクや台座アフの位置を示したもの）のみである。図表をもう一点増やすとすれば、どこに、どのようなものを入れると、よりわかりやすくなるだろうか。

一つの候補は、本論部でイースター島の事例紹介が終わった後、「イースター島のこのような運命は、私たちにも無縁なことではない」と、地球の現状に重ね合わせていく論述部分である。地球の人口増加の速さを、イースター島のそれと割合で比較して「いかに現代という時代が異常な時代であるか」を訴えている。また「このまま人口の増加が続いていけば、二〇三〇年には八十億を軽く突破し、二〇五〇年には九十億を超えるだろうと予測される」と続けている。こうした現状、未来予測のようなものは、グラフで視覚的に示すほうがわかりやすいし、インパクトも強い。

何を削除すべきか、またどこに挿入すべきか、それはなぜか。これらを話し合うこと自体に意味がある。

(2) モアイは何を「語る」のか

題名は「モアイは語る――地球の未来」である。批判的読みの観点からは、こういう題名を付けた筆者の考えを推論させる。またこの題名は妥当、適切か自身の考えを表明させたり、改変すべきであれば代替案を提出させたりする。主題、副題共に変えたい場合も、どちらかは残したままで一方だけをという場合もあるだろう。併せて、なぜ「語る」としているのかも考えさせたい。そして、モアイは何を「語る」のか。「語る」内容を書いたり、交流したりする。これは、筆者の主張を自分なりに再構成する読みにつながる。

(3) イースター島の出来事と地球の課題との対応はうまくいったか

筆者は、地球の森林保護を訴えるために、イースター島の運命について長々と説明した。そこには、読者に実感をもって読んでもらいたい、説得力をもって書きたいという筆者の強い思いがある。こうした筆者の意図、ねらいは、うまくいった、成功したと言えるだろうか。内容面、形式面から、論の展開のありようや、事例の内容、筆者の主張等を振り返り、本文の内容、そして筆者に対する自己の評価をする学習とする。

中学校三年「フロン規制の物語――〈杞憂《きゆう》〉と〈転ばぬ先の杖《つえ》〉のはざまで」（三省堂・平成二八年度版）

9 表現のあり方としての小見出しと図表の検討

1●「批判的読みの基本的なあり方」（図1）に基づく本教材の特性

(1) 小見出しの付け方

本教材は、新書によくある小見出しを付けたタイプの説明的文章になっている。小見出しを手がかりに内容を大まかに把握することができ、読みの手助けにすることができる。一方で、小見出しが適切に付けられているか、わかりやすいものになっているかどうかが、批判的読みの対象にもなる（〈3 読み・検討の対象〉における「形式面」の「ⅰ ことば・表現」）。

たとえば〈2 読み・検討の観点〉の「③ 整合性」について見ていくと、五つある小見出しのうち、三番めの「科学だけでは、決まらない」のみが用言止めになっている。後の四つはすべて「夢の化学物質」のように体言止めである。必ず同じ型にそろってないといけないということはないかもしれない。が、そろっているほうが見栄えがよいということはある。

一つだけの用言止めタイプとなっている三つめの小見出しを体言止めタイプのものにするとしたら、どのように変えればよいだろうか。逆に、四つすべて（またはそのうちのいくつか）を用言止めタイプに変えてみる、ということも考えられる。

「⑤　曖昧性」という点でも、検討の余地がありそうである。たとえば、先ほどの「科学だけでは、決まらない」というのは、何のことを言おうとしているのかわかりにくい。本文には「科学的な議論だけでは、今後フロンをどうすべきか、決まらない状態にあったのです」とある。その一部分を切り取る形で「科学だけでは、決まらない」としたのだろうが、これでは別の意味に理解されてしまう恐れがある。「進まなかったフロン規制」あたりでは具合が悪いだろうか。

同様に、四つめの「モントリオールへの道」も、何を意味しているのかわかりにくい。この項目の文章にモントリオールということばが出てくるのは「そして、一九八七年、世界六〇か国以上の代表が集まり、『モントリオール議定書』という国際的なルールが締結されました」という箇所のみである。「道」ということばが使われているわけでもない。比喩的な小見出しであるので、曖昧な感じになってしまっている。「オゾンホールの発見」のようなストレートなものも考えてみる。

(2)　図表、写真のあり方

〔3　読み・検討の対象〕における「形式面」の「j　図表・絵・写真等」に着目すると、グラフが一点、写真が二点、図が二点の計五点が掲載されている。それぞれ必要であると考えて挿入されているのだろうし、文章内容をこれらの図表等が補い、読み手の理解を助けることを意図して掲載されているのが原則である。

しかし、これらが必要十分なものになっているかどうかはわからない。たとえば「隠れていた性質」の部分には、写真としての一枚目、フロンの危険性について最初に警告をした科学者である、シャーウッド＝ローランドとマリオ＝モリーナ二人が実験しているときの写真が載せられている。あれば、こういう人たちなんだなとよくわかる。が、だからと言って、ないと論が展開しない、読者の理解が難しくなるといった類の顔写真だとも思えない。

〔2 読み・検討の観点〕の「① 必要性」から見て、なぜ筆者はこの二人の写真を載せたのか議論させるとよい。本文の後に続く「学習の手引き」（当該教科書では「学びの道しるべ」となっている）では、「次ページにあげる㋐〜㋓の図表の中から、二つ選んでこの文章に加えるとしたら、どれとどれを選ぶか」という問いが立てられている。これも批判的読みとなる。しかし、逆に「五点の図表、写真の中から一点だけ敢えて外すとすると、どれを選ぶか。それはなぜか」と問うこともできる。

この場合、先に「批判的読みの基本的なあり方」（図1）の〔1 読みの目的・ねらい〕の「A 筆者の発想の推論」を行い、「筆者はそういう考えがあって、この図（グラフ、写真）を入れたのだろうけれど……」と考え、その上で「それでも、わたしはこの一点は（あっていいけれど）なくてもいいかなと思います。なぜかというと……」（「B 自分の考え・論理の形成」）というふうに読むことになる。

さて、先の二人の科学者の写真は、第一候補に挙がると考えられないだろうか。

2 ● 授業展開のポイント

(1) 小見出しの付け方は成功しているか

1で小見出しの表現としての不整合や曖昧さを指摘した。実際にこのことを授業で扱うとすると「五つの小見出しを見渡し、見比べてみて、これらの付け方は成功しているか（または、上手に付けていると思うか）」と大きく問うて、生徒自身に発見させることができる。

批判的読みは粗探しの読みではない。よしとすれば、それも批判的に検討したということである。「部分的には成功」という判断でもよい。表現としての曖昧さはあっても、それが筆者の意図である場合もある。筆者の発想を推論すること。それをもとに自分としてはこのように考えると言えること。それらに明確な理由付けが行えること。これらが大事である。

1で述べたような点ではない、他のおもしろい目の付け所による意見が出てくることも望ましい。気づきにくい学級では、教師のほうから一つの見方、考え方として示してやり、そのことについてどのように考えるか説明させればよい。

(2) 「まえがき」は効果的か

本教材には、三行だけだが「皆さんは『フロン』ということばを聞いたことがありますか」で始まる「まえがき」が置かれている。なぜ筆者はこうした「まえがき」をわざわざ置いたのか、これがあることで読者としてはどのように読めるか(感じるか、考えることができるか)話し合ってみる。文章内容全体との関係での効果、価値について検討することになる。

また「まえがき」はあっても「あとがき」はない。釣り合いを取るために「あとがき」を生徒に作らせることにも取り組んでみる。その際、「まえがき」にもある「物語」という語句を使うよう条件を付ける。「まえがき」が三行だったので「あとがき」も三行で、という形式面での条件設定もよい。難しければ書きやすい長さにしても、もちろんよい。なぜそのように書いたか、交流する学習活動も楽しい。

(3) なぜ「物語」ということばを使っているか

題名にも、「まえがき」にも、「物語」ということばが使われている。しかし、本文中には出てこない。最後の部分の小見出しにしても「未完の物語」となっているが、続く本文中には「物語」の語はない。なぜだろうか。また、なぜ筆者は敢えて「物語」ということばを持ち出したのだろうか。

ここには本教材がフロンにまつわる問題を時系列で論じていることが関係している。「ヒトとモノとの関係性」において、フロンが時と共に正負両面の事態を劇的に見せてきたことの意味を自分事として考えさせたい。

あとがき

説明的文章の授業を力の付く、楽しいものにしたい。子どもたちにとっても、教師にとっても。これは、説明的文章の学習指導を研究の対象に定めて以来、ずっと変わらぬ思いであり、願いである。

説明的文章教材は、読み手である子どもたちが見聞きしたことが少ない新たな情報を提示することを旨としている。したがって初読段階では興味を示し、意欲的に読む子も多い。しかし、中身を知ってしまうと「もうわかった」というふうに思い込み、冷めた読みに転じていく。

一方の教師側も、説明的文章の授業に対するある種の固定観念のようなものがあって、画一的な指導に終始しがちである。書いてある事柄を取り出す、要点をまとめる、指示語を言い当てる、要約するなど、である。もちろん、これらの言語技能は必要であるし大切である。問題は、これらのことだけで説明的文章の授業が完結していることにある。そして、これらの学習活動を子どもたちは概して好まないことにある。

このようにして行われる説明的文章の学習は、子どもたちにとっては遠いところにある。文章やそこに書かれていることと、読み手である子どもたちの間には距離が生じ、それがなかなか埋まらない。自分に引き寄せて読むことができない。教師も、そうした現状を感じつつ、好ましいことではないと思いつつも、どうしようもなく歯がゆい思いをしている。どちらにとっても、残念なことである。

本書では、こうした教室の現実を変えていく一つの手がかりを、説明的文章を批判的に読むことに求め、そのための具体的な授業論を示した。

批判的読みの実際の授業づくりや学習指導を行う上での留意点は、第Ⅱ章で述べている。そこで示したように、文章のどの部分にも様々な形で、またそれぞれの部分に特有の形で、批判的読みを位置付けることはできる。そうした批判的読みのバリエーションをまずは知っていただきたい。

　そしてその次には、この教材ではどのタイプの批判的読みの活動を取り入れてみようかと個人で考えたり、同学年や国語科の教師どうしで話し合ったりする時間と場を、少しでももってもらえればと思う。これは、目の前のこの子どもたちには、今回はここに注目した批判的読みの学習を行ってみようという発想で授業づくりに取り組んでいただくことを推奨することでもある。

　第Ⅲ章には、各学年、各教材の授業デザインを提示した。第Ⅱ章で述べた批判的読みのポイントが、全部デザインの中に落とし込まれているわけではない。自身でこれらの授業開発をしていく中で、あるポイントはうまく当てはまっても、そうではない場合も少なくなかった。やはり、教材の特性や発達段階によって、開発される内容、活動は異なってくる。批判的読みの取り入れ方も変わってくる。そのことを実感した。

　示されたポイントを、どのように授業開発、学習や指導のありように生かすことができるか、また生かしにくいか。そうした具体的な取り組みを進める上での成果と課題を集積していき、本書で示した内容を今後さらに実践的なものに精緻化していきたいと考えている。

　本書もまた、前単著に続き、わたしの研究活動を長きにわたり支えてくれた亡き妻初子に捧げる。

二〇一七年　六月

吉川　芳則

初出一覧

本書の原稿のほとんどは、これまでの自身の研究成果をもとに、新たに書き下ろしたものである。ただし、第Ⅱ章の一部には、以下のような既発表の論考をもとに加除修正を施し、新たな論考として収めた。

「思考力の具体を意識した授業づくりへ」『教育科学　国語教育』、明治図書、二〇一五年、三六―三九頁

「説明的文章の批判的読みの学習活動開発の視点」『国語科教育研究』、第一三一回全国大学国語教育学会東京大会発表要旨集、二〇一六年、九九―一〇二頁

また、論考そのものを使用したわけではないが、研究成果の多くを参考にした論考として、以下のものがある。

「事例のあり方を学習内容とする説明的文章の授業開発」『国語科教育研究』、第一二〇回全国大学国語教育学会京都大会発表要旨集、二〇一一年、二三一―二三四頁

「説明的文章教材の事例を捉える観点」『国語科教育研究』、第一二一回全国大学国語教育学会高知大会発表要旨集、二〇一一年、二三一―二三四頁

「説明的文章における批判的読みの学習指導の観点と段階性」『国語科教育研究』、第一二三回全国大学国語教育学会富山大会発表要旨集、二〇一二年、九七―一〇〇頁

【索引】

人名

事項

【著者紹介】

吉川　芳則（きっかわ　よしのり）

兵庫教育大学大学院教授。博士（学校教育学）。

兵庫県生まれ。神戸大学教育学部卒業。兵庫県公立小学校教諭，兵庫教育大学附属小学校教諭（この間に兵庫教育大学大学院修士課程言語系コース修了），兵庫県教育委員会事務局指導主事を経て現職。

全国大学国語教育学会（理事），日本国語教育学会，日本読書学会，日本教育方法学会等会員。国語教育探究の会事務局長。大阪・国語教育探究の会代表，兵庫・国語教育探究の会代表。

【主な著書】

〔単著〕

『教室を知的に，楽しく！　授業づくり，学級づくりの勘どころ』三省堂，2015

『説明的文章の学習活動の構成と展開』溪水社，2013

『小学校説明的文章の学習指導過程をつくる』明治図書，2002

〔編著，共編著〕

『国語教育選書　主体的な〈読者〉に育てる小学校国語科の授業づくり』明治図書，2016

『アクティブ・ラーニングを位置づけた中学校国語科の授業プラン』明治図書，2016

『新国語科　言語活動の展開がよくわかるシリーズ　クリティカルな読解力が身につく！　説明文の論理活用ワーク（低学年編，中学年編，高学年編，中学校編）』明治図書，2012

国語教育選書

論理的思考力を育てる！批判的読み（クリティカル・リーディング）の授業づくり

—説明的文章の指導が変わる理論と方法—

2017年９月初版第１刷刊　©著　者　吉　川　芳　則

発行者　藤　原　光　政

発行所　明治図書出版株式会社

http://www.meijitosho.co.jp

（企画）木山麻衣子（校正）有海有理

〒114-0023　東京都北区滝野川7-46-1

振替00160-5-151318　電話03（5907）6702

ご注文窓口　電話03（5907）6668

＊検印省略　組版所　藤　原　印　刷　株　式　会　社

Printed in Japan　ISBN978-4-18-234728-3

JASRAC 出 1708588-701